¿Qué comeré? La dieta renal latina

Ricas recetas latinas para el paciente renal y su familia

Su-Nui Escobar, MS, RDN
and Rocio Garcia, RDN

authorHOUSE®

AuthorHouse™
1663 Liberty Drive
Bloomington, IN 47403
www.authorhouse.com
Teléfono: 1 (800) 839-8640

Publicada por AuthorHouse 06/27/2017

ISBN: 978-1-5246-3939-6 (tapa blanda)
ISBN: 978-1-5246-3938-9 (libro electrónico)

Información sobre impresión disponible en la última página.

Este es un libro impreso en papel libre de ácido.

PARTE I

Entendiendo los riñones

Capítulo I

¿Para qué sirven los riñones?

En una forma sencilla, podríamos decir que los riñones son el filtro del cuerpo. Diariamente los riñones procesan unos 190 litros de sangre para eliminar desechos y exceso de agua a través de la formación de la orina. Después de comer, el cuerpo absorbe los nutrientes que necesitamos y los desechos se van a la sangre. Más desechos provienen de procesos naturales en otros tejidos activos. Una vez que la sangre llega a los riñones, estos retienen las sustancias y agua que aún requieren; el resto se convierte en orina que, eventualmente, será expulsada del cuerpo.

Las sustancias químicas, o electrolitos, que los riñones regulan incluyen sodio, potasio y fósforo. De ahí provienen las regulaciones alimentarias que se necesitan cuando estos órganos no funcionan adecuadamente.

Los riñones también liberan tres hormonas esenciales para la salud: eritropoyetina (EPO, por sus siglas en inglés), que estimula la producción de glóbulos rojos; renina, que regula la presión arterial; y calcitriol, la forma activa de la vitamina D, que además de contribuir al mantenimiento de huesos sanos, tiene muchas otras funciones.

¿Qué pasa cuando los riñones no funcionan?

Probablemente una pequeña reducción de la función renal no cause ningún problema inmediato. Desafortunadamente, a medida que la función de los riñones se deteriora, podemos ver problemas de salud que incluyen presión arterial alta, anemia, acidosis metabólica, dislipidemia –o alteración en los lípidos del cuerpo–, malnutrición, desequilibrio de los electrolitos y enfermedades cardiacas.

¿Cuál es la diferencia entre la enfermedad renal aguda y la crónica?

La enfermedad renal aguda ocurre rápidamente, los riñones pueden volver a la normalidad si el daño no es grave y el problema se corrige. Ejemplos de problemas que pueden llevar a esto incluyen: una pérdida repentina de sangre, ciertas medicinas, drogas ilícitas o ingestión de veneno.

La enfermedad renal crónica, que es el enfoque de este libro, es una pérdida gradual de la función renal.

¿Cómo se mide la deficiencia renal?

Examen de orina

Cuando los riñones filtran la sangre, retienen la proteína que aún se encuentra presente. Si están dañados no pueden separar la proteína albúmina, que entonces se desecha del cuerpo, muy probablemente a través de la orina. Conforme la función renal se deteriora, se encontrará una mayor cantidad de albúmina y otras proteínas en la orina, una condición llamada proteinuria. El examen se puede hacer utilizando una tira que reacciona con la cantidad de proteína en una muestra.

Examen de sangre

A través de esta prueba se puede medir la cantidad de creatinina, un producto de desecho en la sangre creado por la descomposición normal de las células musculares. La función inadecuada de los riñones limita la eliminación de este producto y, por lo tanto, se encontrará presente en una mayor cantidad.

Otro elemento que se mide en el examen de sangre es el BUN, por sus siglas en inglés, que corresponde al nitrógeno ureico. Es lo que se forma cuando la proteína se descompone. La función inadecuada de los riñones limita también la eliminación de este producto y, por lo tanto, se encontrará presente en una mayor cantidad en la sangre.

Índice o tasa de filtración glomerular (IFG o GFR, por sus siglas en inglés)

es uno de los mejores indicadores de la función renal. El GFR es un cálculo sobre qué tan eficientes son los riñones. Para ello se utiliza el nivel de creatinina de la persona con valores asignados para su edad, raza y sexo. Esto está directamente relacionado con las diversas etapas dentro de una enfermedad renal.

¿Cuales son las etapas de la enfermedad renal crónica?

Etapa I

Ligera disminución: >90 ml/min/1.73 m^2

Etapa II

Leve reducción: 60-89 ml/min/1.73 m^2

Etapa III

Deterioro moderado: 30-59 ml/min/1.73 m^2

A este nivel, las hormonas y minerales pierden el balance causando anemia y huesos débiles. En este punto el control consiste en seleccionar alimentos adecuados y medicamentos. La meta es aplazar lo más posible el progreso de la enfermedad.

Etapa IV

Deterioración grave: 15-29 ml/min/1.73 m^2

El tratamiento para las posibles complicaciones es necesario. La selección de alimentos adecuados y seguir cuidadosamente el régimen de medicamentos es indicado. También es importante empezar la preparación para un posible tratamiento de diálisis. Esta es una decisión difícil de tomar, pero es un paso muy importante para obtener mejores resultados. Es vital, en este punto, mantener una excelente nutrición.

Etapa V

Insuficiencia renal: Menos de 15 ml/min/1.73 m^2

En esta etapa, la función de los riñones no es suficiente y se requiere tratamiento de diálisis o un trasplante renal.

¿Cómo se puede ayudar al cuerpo cuando tiene una enfermedad renal?

Es muy importante seguir las pautas y restricciones de los alimentos sugeridas en este libro, así como llevar un estilo de vida saludable: hacer ejercicio, dejar de fumar, tomar alcohol en pocas cantidades y muy de vez en cuando, así como controlar la diabetes –si la tuviese–. También es importante controlar la presión arterial.

CAPÍTULO II

La dieta y la enfermedad renal

El régimen alimenticio se determinará según la etapa de la enfermedad renal y/u otras condiciones médicas. Si la enfermedad renal progresa, a partir de la etapa IV, las necesidades alimenticias pueden cambiar. Al mirar los valores de sus análisis de laboratorio, el doctor podrá ver si la dieta efectivamente colabora con la función renal.

¿Qué nutrientes se deben restringir como parte de la dieta renal?

Proteínas

El cuerpo necesita proteínas para crecer, formar músculos nuevos y reparar el tejido corporal. Una de las funciones de sus riñones es filtrar los desechos que quedan de los alimentos que ingiere. Los deshechos de la proteína, o urea, son los más difíciles de filtrar para estos órganos. Cuando existe una enfermedad renal, la urea se acumula en los tejidos y se vuelca en la sangre. Esto se llama nitrógeno ureico o BUN, por sus siglas en inglés. Según la etapa de su enfermedad renal, se sugiere que ingiera menos proteína para evitar la acumulación de urea y proteger los riñones.

Al limitar el consumo de proteína es importante elegir qué tipo de proteína va a ingerir. Se recomienda comer fuentes de buena calidad nutricional, como huevo, pollo, pavo y pescado. Siempre es recomendado limitar las carnes rojas.

La restricción de proteína recomendada a partir de la etapa IV de la enfermedad renal es de unos 40 a 60 gramos por día, dependiendo del peso y tamaño de la persona.

En este libro, los planes alimenticios están basados en una dieta de 60 gramos de proteína por día, que es el equivalente a 8 onzas diarias.

Potasio

Los riñones sanos regulan los niveles de potasio en la sangre. El sistema nervioso del cuerpo necesita potasio para poder dar la orden a los músculos sobre qué hacer. Cuando el nivel de potasio es demasiado alto o bajo, los músculos se debilitan. Debido a que el corazón es también un músculo, este pierde su ritmo, e incluso puede detenerse cuando el potasio se encuentra fuera de rango.

Cuando la función renal se deteriora 20% o menos (etapa IV), se recomienda restringir la ingestión de potasio a 2,000 mg por día. Este elemento se encuentra en todas las frutas y vegetales, así como en nueces, frijoles, arvejas, lácteos y algunos sustitutos de sal. Para más información sobre los alimentos altos en potasio que hay que evitar, ir a la tabla 1 al final de esta sección.

Calcio y fósforo

El fósforo y el calcio son dos minerales importantes que componen los huesos y los dientes. Los riñones sanos mantienen los niveles de estos elementos en la sangre. Cuando existe una enfermedad renal, el organismo no puede utilizar el calcio y, a su vez, eliminar el exceso de fósforo del cuerpo. Cuando existe este desequilibrio, el cuerpo libera más hormona paratiroidea (PTH). La PTH extrae el calcio de los huesos, dejándolos débiles y propensos a fracturas. Si el nivel de fósforo es demasiado elevado se presenta picazón o incluso llagas en la piel. Si el fósforo permanece elevado por mucho tiempo, puede provocar que el calcio se deposite en las arterias y el corazón.

Al restringir la ingestión de proteína, automáticamente se restringe la ingestión de fósforo, ya que este se encuentra en las carnes, hígado, pescado, mariscos, lácteos, frijoles, arvejas y nueces. Cuando la función renal deteriora 20% o menos (etapa IV), se recomienda restringir la ingestión de fósforo a unos 900 mg por día. Para más información sobre los alimentos altos en fósforo a evitar, ir a la tabla 2 al final de esta sección.

Es probable también que el doctor le dé un tipo de medicamento llamado aglutinante de fósforo para tomarse con las comidas, que evita la absorción del fósforo, y así controla el nivel de este mineral en la sangre. Asimismo, el doctor también determinará si la persona necesita un suplemento de calcio.

Sodio

Otra función de los riñones es regular los niveles de sodio en la sangre. Este es un mineral importante que ayuda a que el organismo equilibre los líquidos y controle la presión arterial. Sin embargo, demasiado sodio incrementa el riesgo de presión arterial alta, de un ataque cardiaco y/o de un derrame cerebral.

Por otro lado, el consumo excessivo de sodio provoca también sentir más sed –por lo tanto, beber más agua–, por lo que una dieta baja en sodio puede ayudar a evitar la retención de líquido.

Se recomienda una dieta con un consumo de sodio por debajo de los 2,000 mg por día. Las etiquetas de los alimentos detallan la cantidad de este elemento que contienen por porción. Es importante leerlas. Muchos alimentos procesados, empacados y de preparación rápida contienen una alta cantidad de sodio. Entre los alimentos que se recomienda evitar están las carnes procesadas o embutidos, las sopas y vegetales enlatados, así como las comidas preparadas congeladas. Para más información sobre los alimentos altos en sodio a evitar, ir a la tabla 3 al final de esta sección.

Líquidos

Una de las muchas funciones de los riñones es también eliminar el exceso de agua del cuerpo, pues provoca que el corazón lata más fuerte, e incluso puede dificultar la respiración. Cuando existe una enfermedad renal y la función está por debajo del 15% es recomendado restringir la ingestión de líquidos a un promedio de 1.5 litros por día. Esto es equivalente a 6 vasos de 8 onzas por día.

Tipos de líquidos incluyen:

- Café y té
- Agua y hielo
- Jugos y refrescos
- Sopas

- Helados
- Gelatina

Vitaminas y minerales

Cuando existe una enfermedad renal es muy probable que necesite tomar suplementos especiales de vitaminas y minerales.

Estos incluyen:

- Complejo de vitaminas B
- Vitamina C
- Vitamina D
- Ácido Fólico
- Hierro

¿Cómo se reduce la cantidad de potasio en los alimentos?

Los niveles más altos de potasio se encuentran en las frutas, los vegetales y las legumbres. Por eso, se utilizan diferentes técnicas culinarias para reducir de manera importante (hasta en 50%) el contenido de potasio de las mismas.

Se recomienda pelar las papas, y otros tuberculos, luego cortar en trozos pequeños y remojar en agua por un tiempo mínimo de 12 horas antes de cocinar. Al cortar en trozos pequeños se aumenta la superficie de contacto con el agua, la cual absorbe el potasio del tuberculo. En caso de no haber remojado los vegetales la noche anterior, se pueden hervir dos veces con abundante agua hasta el punto de ebullición: seguir los pasos anteriormente recomendados de pelar y cortar en trocitos, agregar agua y hervir hasta alcanzar el punto de ebullición, luego se tira el agua, se agrega nueva y se vuelve a llegar a punto de ebullición. Al terminar este proceso, se cocinan al gusto. Al utilizar este método con las papas, se puede dismiunir el potasio, como ya se menciono antes, hasta en un 50%. La reducion no es tan impresionante en otros tuberculos tales como la malanga y el boniato. Estos solo pierden entre 100 a 200 miligramos de potasio por cada 100 gramos.

La técnica sugerida para las legumbres consiste en remojarlas en abundante agua por un tiempo de 12 a 24 horas. Preferentemente cambiando el agua dos veces. Por ejemplo, las lentejas se dejan remojando el día anterior y se cambia el agua por la mañana. Una vez remojadas, se tira el líquido de remojo y se agrega más para hervir y cocinar.

Los vegetales congelados contienen menos cantidad de potasio, por lo que son preferibles a los frescos. Por su parte, las frutas en compotas, enlatadas en su propio jugo y mermeladas, contienen menos potasio que las frescas.

Tabla 1. Potasio

Categorías de alimentos	Alimentos con bajo contenido de potasio	Alimentos con alto contenido de potasio
Lácteos	• Leche de arroz, leche de almendra • Sustituto de crema, líquido o en polvo • Queso crema • Queso cottage	• Leche, leche de soya • Leche batida, condensada • Crema de leche • Yogurt • Queso, diferente al crema o cottage
Carnes, aves, pescados, huevo	• Cualquier carne, ave o pescado • Huevo	
Vegetales	• Espárragos • Frijoles verdes/ vainitas/ejotes • Repollo • Lechuga • Pepino • Zanahoria • Maíz • Cebolla • Coliflor • Berenjenas • Zapallos/calabaza de verano (zapallito italiano o amarillo)	• Alcachofa Papa • Aguacate/palta Calabaza • Espinaca Batatas • Frijoles (negros Tomate rojos, de lima, Salsa de tomate pintos) Jugo de tomate • Mandioca Yuca (Cassava) • Hongos frescos Brócoli Coles de Bruselas Okra • Vegetales de hojas verdes, como la col rizada (kale), hojas de nabo

Frutas	• Puré de manzana • Manzana • Cerezas • Arándanos rojos • Jugo de arándanos • Uvas (17 unidades) • Fresas • Frutos del bosque: moras, frambuesas, Arándanos azules • Mandarina • Piña • Melón de agua/ sandía	• Mango Papaya • Melón verde Melón/ cataloupe • Banana/plátano Kiwi • Naranja Jugo de naranja • Toronja Jugo de toronja • Frutos secos Guindones • Albaricoque Maracuyá • Dátiles Higos • Granada Pasas • Guayaba
Almidones o harinas		• Cualquier producto de salvado
Otros		• Gatorade • Nueces y semillas • Mantequilla de maní o almendra • Sustituto de sal • Chocolate o productos con chocolate • Chips de papa

Tabla 2. Fósforo

Categorías de alimentos	Alimentos con bajo contenido de fósforo	Alimentos con alto contenido de fósforo
Lácteos	• Leche de arroz • Sustituto de crema, líquido o en polvo • Queso crema • Queso cottage	• Leche • Leche batida, condensada • Crema de leche • Yogurt • Queso y queso de cuajada

Carnes, aves, pescados, huevo	• Res/ternera • Pescado • Cerdo • Pollo • Pavo • Pollo • Huevo	• Hígado • Sesos • Sardinas
Vegetales	• La mayoría de vegetales frescos o congelados	• Frijoles o guisantes secos (negros, blancos, garbanzos, lentejas)
Frutas	• Cualquier fruta fresco o congelada	• Frutas secas
Almidones o harinas	• Pan blancos • Bagels • Pan pita • Cereales de arroz o maíz, como cornflakes • Arroz • Pasta o fideos	• Cualquier producto de salvado de trigo • Productos hechos con harina de maíz como tortillas de maíz, pan de maíz • Hummus o puré de garbanzos • Avena • Waffles o Panqueques
Otros	• Gaseosas blancas • Pretzels sin sal • Palomitas de maíz (popcorn) sin sal • Gelatina	• Nueces y semillas • Bebidas de cola, oscuras • Cerveza • Chocolate • Pizza • Helado de yogurt • Pudines o natillas

Tabla 3. Sodio

Categorías de alimentos	Alimentos con bajo contenido de sodio	Alimentos con alto contenido de sodio
Lácteos	• Leche de arroz • Sustituto de crema, líquido o en polvo • Queso crema • Queso cottage	• Quesos procesados
Carnes, aves, pescados, huevo	• Res/ternera • Pescado • Cerdo • Pollo • Pavo • Pollo • Huevo • Atún (tuna) enlatado en agua	• Carnes procesadas como tocino (bacon), salchichas, jamón, embutidos de res, embutidos de cerdo • Pescados enlatados en aceite
Vegetales	• Vegetales frescos o congelados	• Vegetales de lata • Vegetales encurtidos en vinagre como pepinillos, aceitunas • Col agria (chukrut o sauerkraut)
Frutas	• Fruta fresca o congelada	• Frutas secas
Almidones o harinas	• Pan blanco bajo en sal • Bagels • Pan pita • Cereales de arroz o maíz, como cornflakes • Arroz, pasta o fideos cocinados bajos en sal	• Galletas saladas • Palomitas de maíz (popcorn) o pretzels salados

Otros	• Mantequilla sin sal • Hierbas y especias sin sal • Ajo fresco o en polvo sin sal • Cebolla fresca o en polvo con sal • Vinagre • Pimienta	• Sal de ajo • Sal de cebolla • Salsa de soya, barbeque o teriyaki • Cátsup • Comidas congeladas • Sopas de lata • Consomé en cubo • Sal

Capitulo III

Alimentos que benefician a los riñones

¿Qué comidas benefician el funcionamiento y desintoxicación de los riñones?

Para ayudar a limpiar los riñones, en principio, conviene dejar de tomar alcohol, disminuir el consumo de café, sodas/gaseosas y comida chatarra. También es beneficioso agregar las frutas, verduras y hierbas aquí sugeridas para permitir que los riñones se desintoxiquen.

Frutas:

Arándanos rojos (cranberries): muy buenos para limpiar los riñones ya que cambian el medio ambiente de las vías urinarias y facilita la desintoxicación de las mismas. También ayuda a prevenir las infecciones urinarias.

Frutos del bosque (fresas, frambuesas, moras, arándanos azules) :ayudan en la eliminación de líquidos retenidos, muy buena fuente de vitamina C y antioxidantes que ayudan a prevenir muchos tipos de cáncer.

Uvas: ayudan en la eliminación de líquidos retenidos. También contribuyen a eliminar el ácido úrico, ya que son alcalinos y promueven la regulación del ritmo cardiaco –que depende del buen funcionamiento de los riñones–.

Sandía o melón de agua: el agua y jugo de sandía ayudan a limpiar los tejidos y la sangre. Así también favorecen la eliminación de líquidos retenidos.

Vegetales:

Espárragos: poseen propiedades diuréticas y sirven para estimular el buen funcionamiento de los riñones.

Pimientos rojos: excelente fuente de vitamina C, B6 y acido fólico, que son deficientes cuando existen problemas renales.

Col (repollo): es también una buena fuente de vitamina C y K, así como alta en fibra.

Ajo: el ajo es muy buen anti inflamatorio, así como un antibiótico natural.

Apio: es rico en minerales y es altamente diurético.

Hierbas:

Ortiga (Nettle Leaf) y Diente de león (Dandelion): son dos hierbas con propiedades diuréticas y remineralizadoras. Ayudan a eliminar el ácido úrico y estimulan la limpieza de los riñones.

Perejil: diurético natural que fomenta la eliminación de las toxinas del cuerpo. También ayuda a limpiar y desintoxicar los riñones.

Tónico alcalinizante:

Este tónico es excelente cuando hay un exceso de ácido úrico en el cuerpo, lo cual es común cuando existen condiciones como reumatismo, gota, retención de líquidos, presión arterial alta y otras enfermedades derivadas del mal funcionamiento de los riñones.

Ingredientes:

1 parte de ortiga (Nettle Leaf)
1 parte de Trébol rojo (Red Clover)
1/2 parte de alfalfa
1 parte de Cola de caballo (Horsetail)
Modo de preparación:

Esta mezcla de hierbas se usa a razón de dos cucharadas por cuatro tazas de agua. Se pone a hervir, se cuela y se bebe como agua dc uso. Este remedio también ayuda en problemas de osteoporosis.

Capítulo IV

La dieta vegetariana

¿Qué es una dieta vegetariana?

Es aquella en la que no se consumen carnes. Dependiendo del tipo de régimen que se siga, se pueden consumir ciertos alimentos que provienen de animales como huevo y leche.

Los diferentes tipos de dieta vegetariana son los siguientes:

Lacto vegetariana: se consumen leche y otros productos lácteos, pero no huevo.

Lacto ovo vegetariana: se consumen huevo, leche y otros productos lácteos.

Pesco vegetariana: se consumen pescado además de huevo, leche y otros productos lácteos.

Vegana: sólo se consumen alimentos que provengan de plantas y granos. No se consume ningún tipo de alimento que provenga de un animal.

Habiendo aclarado esto, si la persona ya adoptó alguno de estos estilos de alimentación mencionados, puede seguir manteniéndolo siempre y cuando siga las restricciones de proteína mencionadas en los capítulos anteriores. Tambien es muy importante saber los niveles de potasio y fosforo de los alimentos que consume.

¿Cuáles son los beneficios de seguir una dieta vegetariana si existe una deficiencia renal?

Los beneficios de seguir una dieta vegetariana son los siguientes:

- Reduce la cantidad de proteína en la orina (proteinuria).

- Ayuda a retardar el progreso de la enfermedad renal.
- Las proteínas vegetales causan menos daño al tejido renal que las animales.
- Reduce el crecimiento de quistes en los riñones.
- Mejora el perfil de los lípidos (grasas) en la sangre.

Es importante saber que las proteínas vegetales pueden proveer al cuerpo de una alta calidad de proteína, así como de cantidades adecuadas de los aminoácidos esenciales, siempre y cuando se consuman diariamente. Vale recordar que también es importante satisfacer las necesidades de calorías diarias de cada organismo.

¿Qué sucede con las restricciones de potasio y fósforo al llevar una dieta vegetariana?

Si la persona sigue una dieta vegetariana o decide empezar a llevar una, no sólo es importante mantener la restricción de proteína recomendada anteriormente, sino también la restricción de potasio y fósforo.

Cuando se elijan los vegetales y alimentos que contienen potasio, debe deberá referirse a la tabla 1 para mantener su ingesta adecuada de este mineral.

Por otro lado, las proteínas animales contienen más fósforo que las vegetales. En los granos y legumbres, la mayoría de este elemento se encuentra en una forma llamada ácido fítico, el cual es 50% menos absorbido que el fósforo contenido en la proteína animal. Por lo tanto, cuando se habla de restringir el consumo de granos y legumbres, se refiere sólo a las personas que consumen proteínas animales también. Así, las personas vegetarianas pueden consumir sus proteínas de granos y legumbres en las porciones recomendadas. Eso sí, se deberá recordar seguir los pasos para reducir el potasio en estas (referirse a la página 8)

CAPÍTULO V

Comiendo fuera de casa

La mayoría de las personas disfrutan saliendo a comer fuera, pero es importante tener en cuenta las restricciones mencionadas antes. En este capítulo les daremos pautas para tener una experiencia divertida, incluso con una dieta renal.

¿Qué hacer cuando se come fuera de casa?

Planear con anticipación

Si el plan es salir a cenar, es importante mantener el desayuno y el almuerzo en el plan alimenticio original. También hay que reducir el tamaño de las porciones y alimentos con alto contenido de sodio y potasio durante el día. Si es posible, vale la pena llamar al restaurante con anticipación para obtener más información sobre el menú y la manera en que se prepara la comida. Es recomendable informarles que se está siguiendo una dieta especial. Muchos restaurantes tienen ahora sitios web donde tienen disponibles los menús.

Más vale elegir un lugar en el que sea más fácil seleccionar los alimentos más adecuados para la dieta, así como en los que se cocinan los alimentos frescos y en el momento. De preferencia, evitar cadenas, franquicias o lugares de comida rápida.

Menú

Ya una vez en el restaurante, revisar el menú cuidadosamente y preguntarle al mesero cómo se prepara y cómo se sirve la comida. Por los tamaños de las porciones en estos sitios, se recomienda compartir el plato principal con otra persona o poner la mitad para llevar. Muchos restaurantes también tienen porciones "de almuerzo" en la cena, estos platillos son generalmente más pequeños.

Es importante hacer pedidos especiales, como pedir aderezos o salsas "a un lado". Si el platillo elegido está hecho a base de proteínas o vegetales, es mejor pedirlo sin sal y asegurarse de que el método de cocción sea al horno, a la plancha, a la parrilla o al vapor. Si se trata de un sándwich pedirlo sin mostaza, mayonesa o cátsup.

Proteínas

Hay que recordar siempre la restricción de proteínas. Para ello, hablábamos anteriormente de comer solamente la mitad de sus porciones, pero esto es indispensable si el plato contiene carne, pollo, pavo, pescado o queso.

No hay que olvidar que la proteína también se encuentra en las salsas y alimentos preparados con leche, nueces, huevos, y en platos que contengan frijoles o lentejas.

Bebidas

Si la persona está siguiendo una restricción en la cantidad de líquidos que consume diariamente, hay que planear la cantidad y el tipo de líquido que va a beber durante la comida. Es necesario pedir bebidas bajas en potasio y fósforo (ver tablas Capítulo II).

No se recomienda pedir más de un vaso de líquido; en caso de tener sed, mejor exprimir rodajas de limón en el agua. Esto ayudará a saciar la sed, pero no aumentará la cantidad de líquido en el cuerpo, lo que provoca retención.

Postres

Es necesario que en el lugar tengan una descripción clara de los postres y se debe elegir aquellos que tengan preparaciones simples. Así se evitarán el fósforo y el potasio "ocultos".

Las opciones con chocolate, crema de queso, helados y otros frutos son mucho más altos en fósforo y potasio. Hay que evitarlos o procurar compartirlos, para disminuir la cantidad.

Diferentes estilo de comidas

China

- Optar por la comida sin glutamato mono sódico (MSG, por sus siglas en inglés) o salsa soya, ya que contienen mucho sodio.
- Evitar los restaurantes que cocinan en grandes cantidades y preferir aquellos en los que se preparan los alimentos de forma individual.
- Evitar agregarle salsa soya a la comida después de servida. Es mejor reemplazarla por salsa picante para darle más sabor.
- Evitar las sopas, ya que generalmente son altas en sodio y cuentan como parte de la porción de líquido permitido por día –si estuviese siguiendo una restricción de líquidos–.
- Elegir verduras bajas en potasio, como las judías verdes o vainitas, castañas de agua, brotes de soya y el bok choy. Pedir verduras salteadas que no contengan salsas.
- El arroz al vapor es una mejor opción ya que contiene menos sodio que el frito.
- Y para terminar, se puede comer la galleta de la suerte, sabiendo que se hicieron las mejores elecciones.

Francesa

- En general, es muy rica en fósforo, ya que muchos de los alimentos son preparados con crema de leche, mantequilla y queso. Lo mejor es evitar los platillos que contienen estos ingredientes. Si hay dudas sobre alguna comida, más vale preguntar al mesero acerca de la preparación.
- Elegir verduras bajas en potasio y evitar las papas fritas.
- El pan francés –o baguette– es una buena opción, es bajo en sodio, potasio y fósforo. La mantequilla que se sirve es por lo general "dulce" o sin sal.
- Seleccionar una vinagreta simple para las ensaladas.
- Los postres son siempre un momento importante. Optar por sorbetes, tortas/pasteles, merengues o frutas, tales como fresas, frutos del bosque o cerezas que no estén en salsas de crema de leche o cubiertas con mucho chocolate.

Italiana

- Puede ser alta en potasio.
- Hay que tener cuidado con el aperitivo o antipasto pues incluyen embutidos salados y vegetales encurtidos o macerados con sal. Estos alimentos podrían hacer que la comida inicie con alimentos altos en grasa y sal.
- Seleccionar vinagre y aceite de oliva para las ensaladas.
- El pan italiano también es una buena opción y se puede acompañar con aceite de oliva y/o vinagre balsámico.
- Evitar las pastas que están servidas con salsa de tomate; se recomienda pedir la salsa "a un lado", para medir la cantidad. Limitar el queso y las salsas blancas.
- Si se va a comer pizza, elegir una vegetariana con poca salsa de tomate y poco queso. Lo mejor es evitar los embutidos, como el pepearon o el salami.
- Una buena opción es elegir platos con pollo o pescado, sin olvidar la restricción de proteína.
- Utilizar pimienta roja picante para darle más sabor a las comidas.
- A la hora del postre, elegir sorbetes italianos, que son muy buena opción.

Japonesa

- Puede ser muy alta en sodio.
- Evitar las sopas y ensaladas con miso, ya que este contiene mucho sodio.
- Utilizar salsa de soya baja en sodio y en muy poca cantidad.
- El sushi puede ser una buena opción, ya que las porciones son pequeñas. Otros rollos disponibles incluyen los de vegetales, camarón cocido, cangrejo o anguila.
- Los yacutoro o comida a la parrilla en brochetas son una buena elección.
- Los alimentos fritos como el tempura también son una opción recomendable si no se sumergen en salsas de alto contenido de sodio.
- Está permitido comer queso de soya o tofu, como opción de proteína vegetal. Sólo hay que tener cuidado de que no esté cocida con salsa soya por el alto contenido de sodio.

Mexicana

- Puede ser alta en potasio.
- Dejar de lado los totopos (chips, en inglés) y las salsas que normalmente ponen en la mesa al sentarse. Mejor ahorrar el sodio y el potasio para la comida.
- Pedir platos principales a la carta, o seleccionar los que no son servidos con frijoles.
- Algunas buenas opciones son tacos, tostadas y fajitas.
- Tener cuidado con las salsas utilizadas; la verde está hecha de tomates verdes; las que están preparadas con chile pero sin tomates son una mejor opción.
- El guacamole está hecho de aguacate, el cual es muy alto en potasio.
- Las tortillas son un buen sustituto de pan. Pero es mejor disfrutarlas con moderación.
- Los pasteles son altos en grasas saturadas, así que hay que comerlos en porciones moderadas.

Cubana

- Puede ser alta en potasio.
- El pan cubano es una buena opción, ya que es bajo en potasio y fósforo, pero hay que tener cuidado con las porciones, pues tiene un contiene alto contenido de grasa saturada.
- Pedir platos a la carta, e insistir en que le pongan poca sal durante la preparación.
- Elegir platillos que no se sirvan con frijoles, o pedir directamente que no los incluyan en el plato, ya que estos son altos en potasio y fósforo. Además de que contienen proteína.
- Evitar las viandas por su alto contenido en potasio.
- Controlar las porciones, especialmente las de la proteína, ya que tienden a servirlas en cantidades abundantes. Una opción es compartir el plato.
- Para el postre, evitar el flan o el pastel de tres leches por su alto contenido en fósforo. Una mejor opción es una panetela.

PARTE II

Las recetas

Porque sabemos lo difícil que puede llegar a ser seguir las restricciones recomendadas cuando la función de los riñones disminuye, en *¿Qué comeré? La Dieta Renal Latina*, nos hemos esmerado en adaptar algunas recetas favoritas para que sigan disfrutando de los sabores mientras cuidan su salud renal. Todas las recetas son bajas en proteína, sodio, potasio y fósforo Es importante tener en cuenta que la restricción de proteína de estas recetas es específicamente para personas que no han empezado un tratamiento de diálisis.

Para mantener la salud y un estado nutricional óptimo, es importante hacer, al menos, las tres comidas regulares: desayuno, comida y cena. Idealmente se puede también incluir uno o dos refrigerios por día.

Las recetas de desayuno contienen aproximadamente 10-15 gramos de proteína, mientras que las comidas contienen unos aproximado de 20 gramos. Los refrigerios y postres contien aproximadamente 3 gramos de proteína, por porción.

Debajo de cada receta se encuentra la información nutricional necesaria, por porción.

Hemos incluido también un plan alimenticio de 21 días que puede seguir en el orden establecido o intercambiar comidas, como cada persona prefiera. Este plan contiene un promedio de 1,500-1,700 calorías, aproximadamente 60 g de proteína, hasta 1,500 mg de sodio, 2000 mg de potasio y 900 mg de fósforo. Tambien contiene un promedio de 175-215 gramos de carbohidrato por día, lo cual lo hace apto para personas con diabetes. El plan se encuentra en la sección final de libro.

En caso de necesitar ingerir más calorías para mantener o subir de peso, se puede hacer agregando más cantidad de aceite saludable a las comidas, tal como aceite de oliva o de coco.

¿QUÉ COMERÉ? LA DIETA RENAL LATINA

Los desayunos: Recetas

Los tradicionales
Burrito de huevo
Burrito de frijoles
Chilaquiles verdes
Crepas rellenas de huevo
Huevos al albañil
Molletes

Los más pedidos
Huevos benedictinos
Hamburguesas de desayuno estilo latino

Los dulces
Panqueques de queso cabaña (cottage) con arándanos azules
Tostadas Francésas

Nuevos y divertidos
Huevos en pozo
Huevos en pimiento

Fáciles
Tortilla de espárragos
Omelet de claras de huevo

Los tradicionales

Burrito de huevo (2 porciones)

Ingredientes

- 2 cucharaditas de aceite
- 1 cucharada de cebolla picada
- 1 ½ cucharada de pimiento verde o rojo, cortado en pedazos pequeños
- 2 huevos
- ¼ cucharadita de comino
- Pimienta negra
- 2 tortillas de harina (6 pulgadas de diámetro)
- 2 cucharadas de salsa

Preparación

- Calentar el aceite en una sartén a fuego medio.
- Saltear la cebolla hasta que esté transparente. Añadir el pimiento y cocinar por 1 minuto.
- En un recipiente pequeño, mezclar los huevos con el comino y la pimienta.
- Poner la mezcla en la sartén y cocinar, moviendo frecuentemente, para hacer un revoltillo.
- Calentar las tortillas en una sartén aparte a fuego medio.
- Poner la mitad del huevo en cada tortilla y envolver, estilo burrito.
- Servir con 1 cucharada de salsa.

Información nutricional

Calorías: 210; proteína: 9 g; carbohidratos: 18 g; sodio: 374 mg; potasio: 189 mg; fósforo: 164 mg.

Burrito de frijoles (2 porciones)

Ingredientes

- 1 cucharadita de aceite
- 1 cucharada de cebolla picada
- ½ diente de ajo picado
- ½ chile jalapeño (opcional)

- ¼ cucharadita de comino
- 2/3 taza de frijoles
- 1 cucharada de harina blanca
- 1oz (28g) de queso
- 2 tortillas de harina (6 pulgadas de diámetro)
- 1 cucharada de salsa

Preparación

- Para disminuir el contenido de potasio, remojar los frijoles al menos durante 12 horas y cambiar el agua antes de cocinar. Cocerlos normalmente. Si son frijoles de lata, enjuagar bien con agua fría para reducir el contenido de sodio.
- Calentar el aceite en una sartén a fuego medio.
- Saltear la cebolla hasta que esté transparente. Añadir el ajo, el chile jalapeño y el comino; cocinar por 1 minuto.
- Agregar los frijoles y mezclar bien. Incorporar la harina, machacar bien. También se puede utilizar un procesador de alimentos.
- Por otro lado, calentar en una sartén las tortillas a fuego medio.
- Poner la mitad de la mezcla en cada tortilla, añadir la mitad del queso en cada una y envolver estilo burrito.
- Servir con ½ cucharada de salsa.

Información nutricional

Calorías: 271; proteína: 13 g; carbohidratos: 33 g; sodio: 355 mg; potasio: 367 mg; fósforo: 265 mg.

Chilaquiles verdes (2 porciones)

Ingredientes

- 4 tortillas de maíz
- 2 cucharadas de aceite de oliva
- 1 diente de ajo picado
- 1 cucharadita de perejil
- ½ cucharadita de orégano
- 1 pimiento morrón verde mediano
- ½ cebolla pequeña
- Pimienta negra
- 2 huevos

- 1oz (28g) de queso blanco fresco
- Aceite antiadherente

Preparación

- Precalentar el horno a 400° F.
- Cortar las tortillas en cuartos. Colocar en una bandeja de hornear extendida, meter al horno durante unos 5 minutos, o hasta que las tortillas estén doradas y crujientes.
- Dividir en 2 porciones, colocar en el plato donde se van a servir.
- Mezclar en una licuadora el aceite de oliva, el ajo, el perejil, el orégano, el pimiento, la cebolla y la pimienta; licuar hasta formar una pasta.
- Cocinar la mezcla en una sartén, por unos 5 minutos.
- Verter la mitad de la salsa verde sobre cada porción de tortillas.
- Freír los huevos en aceite antiadherente. Servir uno en cada plato y agregar la mitad del queso.

Información nutricional

Calorías: 370; proteína: 12 g; carbohidratos: 30 g; sodio: 195 mg; potasio: 344 mg; fósforo: 295 mg.

Crepas rellenas de huevo (2 porciones)

Ingredientes

- ¼ taza de harina blanca
- 1 clara de huevo
- ¼ taza de leche
- ½ cucharada de aceite vegetal
- Aceite antiadherente
- 1 cucharada de cebolla
- 1 cucharada de pimiento verde o rojo
- 1 huevo y una clara
- Pimienta negra

Preparación

Crepa:

- Mezclar en un tazón grande la harina, la clara de huevo, la leche, la sal y el aceite, hasta unificar.

- Rociar ligeramente aceite antiadherente en una sartén, calentar a fuego medio.
- Verter la mitad de la mezcla en la sartén. Inclinarla con movimientos circulares para que la masa se extienda a los bordes. Cocinar hasta que la parte inferior quede de color marrón claro, unos 2 minutos. Voltear, retirar del fuego cuando este cocida.

Relleno:

- En otra sartén, rociar aceite antiadherente, poner a freír la cebolla y el pimiento. Cocinar por 1 o 2 minutos, hasta que queden suaves.
- Agregar el huevo y revolver.
- Poner una crepa en el plato y encima media porción del huevo. Doblar y servir.

Información nutricional

Calorías: 161; proteína: 9 g; carbohidratos: 14 g; sodio: 302 mg; potasio: 167 mg; fósforo: 176 mg.

Huevos al albañil (2 porciones)

Ingredientes

- 1 diente de ajo picado
- ½ cebolla pequeña
- 1 pimiento morrón mediano
- 2 cucharadas de aceite de oliva
- 1 cucharadita de perejil
- ½ cucharadita de orégano
- 1 chile de árbol pequeño (opcional)
- 1 cucharada de agua
- Pimienta negra
- 2 huevos
- 1oz (28g) de queso blanco fresco
- 4 tortillas de maíz

Preparación

- Rostizar el ajo, la cebolla y el pimento en una plancha o en el horno.

- Mezclar en una licuadora la mitad del aceite de oliva, el ajo, la cebolla, el pimiento, el perejil, el orégano, el agua y la pimienta (al gusto); licuar hasta formar una pasta. Reservar.
- Calentar el resto del aceite de oliva en una sartén, verter los huevos y cocinar revolviendo constantemente hasta que estén medio cocidos. (aproximadamente 1 minuto). Agregar la salsa y continuar cocinando por un par de minutos más.
- Servir con tortillas de maíz calientes.

Molletes (2 porciones)

Ingredientes

- 1 cucharada de aceite de oliva
- 1 cucharada de cebolla picada
- 1 diente de ajo picado
- ½ chile jalapeño picado
- ½ cucharadita de comino
- 1 cucharada de harina
- 1/3 taza de frijoles cocidos
- 4 oz (113g) de pan francés (dividido en 2)
- 1oz (28g) de queso mozzarella rallado, bajo en sodio

Preparación

- Para disminuir el contenido de potasio, remojar los frijoles al menos durante 12 horas y cambiar el agua antes de cocinar. Cocerlos normalmente. Si son frijoles de lata, enjuagar bien con agua fría para reducir el contenido de sodio.
- Precalentar el horno a 350° F.
- Calentar el aceite en una sartén a fuego medio.
- Saltear la cebolla hasta que esté transparente. Añadir el ajo, el chile jalapeño, el comino y la harina; cocinar por 1 minuto. Agregar los frijoles, mezclar y machacar bien. Retirar del fu. También se puede usar un procesador de alimentos.
- Cortar el pan a la mitad (a lo largo), colocar en una bandeja para hornear. Untar los frijoles en las 4 mitades. Espolvorear el queso encima.
- Hornear durante 5 minutos o hasta que el queso esté derretido. Servir.

Información nutricional

Calorías: 315; proteína: 13 g; carbohidratos: 43 g; sodio: 380 mg; potasio: 211 mg; fósforo: 178 mg.

Los más pedidos

Huevos benedictinos (2 porciones)

Ingredientes

- 2 huevos escalfados
- 1 English muffin tostado
- 2 cucharadas de salsa holandesa

Preparación

- Poner un huevo escalfado sobre cada mitad de English muffin.
- Agregar 1 cucharada de salsa holandesa. Servir.

Salsa holandesa (4-6 porciones)

Ingredientes

- 3 yemas de huevo
- ½ cucharada de jugo de limón
- Pizca pimienta roja
- 10 cucharadas de mantequilla derretida sin sal

Preparación

- Licuar las yemas de huevo, el jugo de limón y la pimienta roja entre 20 y 30 segundos hasta que la consistencia tenga un color amarillo claro.
- Bajar la velocidad de la licuadora al mínimo y agregar la mantequilla derretida lentamente.
- Probar la salsa, ajustar el sabor al gusto.
- Separar 2 cucharadas de salsa y calentar a fuego muy bajo.
- Guardar el resto y congelar.

Información nutricional

Calorías: 336; proteína: 10 g; carbohidratos: 14 g; sodio: 287 mg; potasio: 292 mg; fósforo: 175 mg.

Hamburguesas para desayuno estilo latino (2 porciones)

Ingredientes

- 1 huevo batido
- 2 cucharadas de cebolla picada
- 1 diente de ajo molido
- 1 cucharada de pimiento morrón picado (verde o rojo)
- 1 cucharada de cilantro cortado finamente
- ½ cucharada de vinagre
- 1 cucharadita de chile en polvo
- Pimienta roja al gusto
- 3 oz (85g) de carne de cerdo o res molida
- Aceite antiadherente
- 4 rebanadas de pan blanco

Preparación

- Mezclar el huevo, la cebolla, el ajo, el pimiento, el cilantro, el vinagre, el chile en polvo, y la pimienta roja en un recipiente mediano.
- Agregar la carne, mezclar bien.
- Moldear en 4 bolitas iguales, aplastarlas para formar hamburguesas.
- Calentar una sartén a fuego medio y rociar con aceite antiadherente.
- Cocinar bien por los dos lados, hasta que la carne esté bien cocida. Servir cada una sobre el pan blanco.

Información nutricional

Calorías: 290; proteína: 15 g; carbohidratos: 27 g; sodio: 332 mg; potasio: 271 mg; fósforo: 179 mg.

Los dulces

Panqueques de queso cabaña (cottage cheese) con arándanos azules (2 porciones)

Ingredientes
- ½ de taza de queso cabaña (cottage cheese) sin sodio
- 2 huevos batidos
- ¼ de taza de harina blanca
- 3 cucharadas de mantequilla sin sal
- Aceite antiadherente sabor mantequilla
- 1 taza de arándanos azules

Preparación
- Mezclar el queso, los huevos, la harina y la mantequilla derretida en una licuadora.
- Agregar ½ taza de arándanos azules. Mezclar. Reservar la otra mitad.
- Rociar una sartén con aceite antiadherente y calentar a fuego medio por 3 segundos.
- Poner aproximadamente ¼ de la mezcla en la sartén para crear panqueques de unas 4 pulgadas de diámetro.
- Cocinar los panqueques por 2 a 3 minutos, hasta que estén dorados por los dos lados y bien cocidos por el centro.
- Transferir al plato.
- Servir 2 panqueques por porción con ½ taza de fruta.

Información nutricional

Calorías: 369; proteína: 15 g; carbohidratos: 25 g; sodio: 459 mg; potasio: 256 mg; fósforo: 285 mg.

Tostadas Francésas (2 porciones)

Ingredientes
- 2 huevos o ½ taza de sustituto de huevo
- ½ de taza de sustituto líquido de crema
- ¼ cucharadita de extracto de almendra
- Aceite antiadherente

- 4 rebanadas de pan blanco
- 2 cucharadas de mantequilla

Preparación

- Batir los huevos, agregar el sustituto de crema y el extracto de almendra.
- Por otro lado, rociar una sartén con aceite antiadherente y calentar a fuego medio por unos 3 segundos.
- Remojar cada rebanada de pan en la mezcla de huevo y luego freír en la sartén hasta que quede dorado por los dos lados.
- Servir 2 tostadas por porción con 1 cucharada de mantequilla. Si se desea, puede agregar 3 oz (85g) de miel de maple regular.

Información nutricional

Calorías: 421; proteína: 12 g; carbohidratos: 40 g; sodio: 366 mg; potasio: 245 mg; fósforo: 192 mg.

Nuevos y divertidos

Huevo en un pozo (2 porciones)

Ingredientes

- 2 rebanadas de pan blanco
- Aceite antiadherente, sabor mantequilla
- 2 cucharaditas de mantequilla sin sal
- 2 huevos
- Pimienta negra
- 2 cucharaditas de queso parmesano rallado, bajo en sodio

Preparación

- Con un cortador de galletas redondo pequeño, hacer un hueco en el centro de las rebanadas de pan, dejando así un círculo en el medio.
- Rociar con aceite antiadherente por los dos lados de las piezas de pan.
- Calentar una sartén a fuego medio, colocar el pan.

- Romper los huevos en el centro de cada rebanada de pan, donde están los huecos, y sazonar con pimienta.
- Cocinar bien por 1 o 2 minutos, voltear el huevo y el pan para cocinar del otro lado.
- Espolvorear el queso rallado por encima de los huevos.

Información nutricional

Calorías: 247; proteína: 9 g; carbohidratos: 13 g; sodio: 220 mg; potasio: 104 mg; fósforo: 141 mg.

Huevos en anillos de pimiento (2 porciones)

Ingredientes

- 2 cucharaditas de mantequilla, sin sal
- 2 rebanadas de pimiento morrón, cortadas en forma de anillo (ver foto)
- 2 huevos
- Pimienta roja
- 2 rebanadas de pan blanco

Preparación

- Calentar la mantequilla en una sartén a fuego medio.
- Agregar los anillos de pimiento morrón. Freír por 1 minuto de cada lado.
- Colocar un huevo dentro de cada pimiento. Cocinar hasta el punto deseado.
- Sazonar con pimienta roja. Servir con pan blanco.

Información nutricional

Calorías: 251; proteína: 9 g; carbohidratos: 15 g; sodio: 197 mg; potasio: 181 mg; fósforo: 138 mg.

Tortilla de espárragos (2 porciones)

Ingredientes

- 4 espárragos, cortados en pedazos pequeños
- 1 cucharada de aceite de oliva

- 2 cucharadas de cebolla blanca picada
- 1 cucharadita de ajo molido
- 2 huevos batidos
- 2 cucharaditas de perejil picado
- Pimienta negra
- 4 oz (113g) pan baguette

Preparación

- Cocer los espárragos en un poco de agua, ya sea en el horno microondas o en la estufa, hasta que queden cocidos pero crujientes.
- Saltear la cebolla y el ajo en una sartén con aceite de oliva, hasta que queden transparentes.
- Agregar los espárragos, los huevos, el perejil y la pimienta.
- Reducir el fuego y cocinar hasta que la parte de abajo de la tortilla esté cocida. Voltear y terminar de cocinar.
- Desprender los bordes de la tortilla de la sartén. Servir la mitad de la tortilla en cada plato.
- Servir con pan baguette.

Información nutricional

Calorías: 288; proteína: 11 g; carbohidratos: 31 g; sodio: 350 mg; potasio: 171 mg; fósforo: 121 mg.

Omelet de claras de huevo (2 porciones)

Ingredientes

- 1 cucharada de aceite de oliva
- 2 cucharadas de cebolla
- 4 claras de huevo
- 4 rebanadas de pan blanco de molde
- 2 cucharaditas de mantequilla sin sal

Preparación

- Calentar en una sartén el aceite de oliva.
- Saltear la cebolla hasta que quede transparente.
- Agregar las claras de huevo y mezclar con la cebolla; dejar hasta que se cocine de un lado.

- Después de cocido, dar la vuelta a la mitad. Dividir y servir cada porción con 2 rebanadas de pan blanco untado con mantequilla.

Información nutricional

Calorías: 264; proteína: 12 g; carbohidratos: 26 g; sodio: 356 mg; potasio: 181 mg; fósforo: 65 mg.

Desayunos: Ideas

Huevos
Huevo cocido con English muffin

Cereales
Cereal frío con leche
Avena
Grits con queso

Sándwiches
Sándwich de queso
Arepa Venezolana

Los dulces
Tostadas con mantequilla y mermelada, servidas con café con leche
Fresas con yogurt, miel y nuez de Castilla (walnuts)

Batidos
Batido de fresas con pan blanco y mermelada

Huevo cocido con English muffin (2 porciones)

Ingredientes
- 2 huevos cocidos
- 2 English muffins
- 2 cucharadas de mantequilla, sin sal

Preparación
- Cocer los huevos.

- Tostar los English muffins y untarles la mantequilla.
- Servir.

Información nutricional:

Calorías: 233; proteína: 11 g; carbohidratos: 25 g; sodio: 323 mg; potasio: 147 mg; fósforo: 172 mg.

Cereal frío con leche (1 porción)

Ingredientes
- 1½ taza de cereal de maíz, tipo Corn Flakes
- ¾ de taza de leche fría, reducida en grasa (2%)

Preparación
- Servir el cereal con la leche en un plato hondo.

Información nutricional:

Calorías: 252; proteína: 10 g; carbohidratos: 46 g; sodio: 408 mg; potasio: 372 mg; fósforo: 221 mg.

Avena (1 porción)

Ingredientes
- 1 taza de avena preparada con agua
- 1 rebanada de pan

Preparación
- Servir en un plato hondo y acompañarla con el pan.

Información nutricional:

Calorías: 232; proteína: 8 g; carbohidratos: 40 g; sodio: 132 mg; potasio: 193 mg; fósforo: 206 mg.

Grits con queso (1 porción)

Ingredientes
- 1 taza de harina de maíz, tipo grits, cocinada en agua de acuerdo con las instrucciones del paquete.
- 1oz (28g) de queso Suizo bajo en sodio

Preparación
- Servir en un plato hondo con el queso derretido encima.

Información nutricional:

Calorías: 278; proteína: 12 g; carbohidratos: 37 g; sodio: 9 mg; potasio: 97 mg; fósforo: 220 mg.

Sándwich de queso (1 porción)

Ingredientes
- Dos rebanadas de pan blanco o un English muffin
- 1oz (28g) queso Suizo, bajo en sal

Preparación
- Poner el queso entre los 2 panes.
- Calentar en una sartén hasta que se derrita el queso y se tueste el pan por los 2 lados.

Información nutricional:

Calorías: 234; proteína: 12 g; carbohidratos: 26 g; sodio: 256 mg; potasio: 103 mg; fósforo: 244 mg.

Arepa venezolana (1 porción)

Ingredientes
- 1 arepa mediana
- 1 huevo revuelto
- 1 cucharadita de mantequilla sin sal

Preparación

- Servir en un plato el huevo revuelto, acompañado de la arepa caliente, untada con mantequilla.

Información nutricional:

Calorías: 327; proteína: 12 g; carbohidratos: 38 g; sodio: 483 mg; potasio: 178 mg; fósforo: 223 mg.

Tostadas con mantequilla y mermelada con café con leche (1 porción)

Ingredientes

- 2 rebanadas de pan blanco
- 2 cucharaditas de mantequilla sin sal
- 2 cucharaditas de mermelada
- 1 taza de café espresso
- ½ taza de leche

Preparación

- Tostar los panes, untarles la mantequilla y la mermelada.
- Acompañarlos con una 1 taza de café con leche.

Información nutricional

Calorías: 309; proteína: 9.5 g; carbohidratos: 41 g; sodio: 338 mg; potasio: 389 mg; fósforo: 198 mg.

Fresas con yogurt, miel y nuez de Castilla (walnuts) (1 porción)

Ingredientes

- 1 taza de fresas
- 1/3 taza de yogurt natural
- 1 cucharada de miel
- 8 mitades de nueces de Castilla (walnuts)

Preparación

- Mezclar el yogurt con una cucharada de miel, la miel y las nueces.
- Servir en un plato hondo.

Información nutricional

Calorías: 267; proteína: 8 g; carbohidratos: 36 g; sodio: 59 mg; potasio: 492 mg; fósforo: 208 mg.

Batido de fresas y pan tostado con mermelada (2 porciones)

Ingredientes
- 1½ taza de leche
- 2 cucharadas de miel
- 2 tazas de fresas
- 4 rebanadas de pan blanco
- 4 cucharadas de mermelada

Preparación
- Mezclar la leche, la miel las fresas en una licuadora. Añadir hielo (opcional), licuar.
- Servir la mitad de la mezcla en cada vaso.
- Acompañar con 2 rebanadas de pan tostado con mermelada.

Información nutricional

Calorías: 446; proteína: 12 g; carbohidratos: 91 g; sodio: 346 mg; potasio: 567 mg; fósforo: 278 mg.

¿QUÉ COMERÉ? LA DIETA RENAL LATINA

Comidas y cenas

Aves

Flautas de pollo
Milanesa de pollo
Pimientos rellenos de pollo
Estofado de pollo
Pollo a la parrilla sobre una cama de arroz
Brochetas de pollo

Carnes

Filete marinado
Tacos de filete de res
Picadillo estilo cubano
Salpicón de carne
Brocheta de carne
Empanadas de carne

Cerdo

Lomo de cerdo fácil
Carnitas
Chuleta de cerdo al horno

Pescados y mariscos

Arroz con camarones
Brochetas de camarones
Tacos de camarones
Salmón al horno con espárragos
Pescado sudado
Pescado asado al ajo

Pasta
Espagueti con salsa de pimiento rojo
Ensalada de pasta de lacitos
Pasta Primavera
Fettucini Alfredo

Entre panes y tortillas
Hamburguesa de pavo
Sándwich de atún
Sándwich de pavo
Sandwich de ensalada de pollo
Sándwich de pechuga de pollo a la parilla
Sándwich de pescado a la parrilla
Sándwich de cerdo con salsa criolla, estilo peruano (butifarra)
Enrollado (wrap) de pollo

Ensaladas como plato principal
Ensalada de atún
Ensalada César con pollo
Ensalada Mediterránea

Los vegetarianos
Hamburguesa vegetariana a la parrilla
Quesadillas

Aves

Flautas de pollo (2 porciones)

Ingredientes

- 6 oz (170g) de pechuga de pollo
- ½ cebolla mediana
- ½ cucharadita de comino
- ¼ cucharadita de pimienta roja
- 1 cucharada de aceite de oliva
- 1 cucharada de cebolla, finamente picada
- 1 diente de ajo, finamente picado
- 6 tortillas de maíz
- 6 cucharadas de repollo, cortado en tiras pequeñas
- 2 cucharadas de tomate, picado en cuadritos pequeños
- 2 cucharadas de crema

Preparación

- Cocer las pechugas en suficiente agua con la media cebolla en una olla. Retirar del fuego, escurrir el agua y dejar enfriar.
- Precalentar el horno a 350º F.
- Desmenuzar el pollo, sazonar con el comino y la pimienta roja.
- Calentar el aceite en una sartén, freír la cebolla picada y el ajo. Una vez que estén dorados, agregar el pollo y cocinar por unos minutos más.
- Poner partes iguales de pechuga de pollo en el centro de las tortillas y enrollar. Cerrar con un palillo.
- Colocar las flautas en una bandeja para hornear y llevar al horno por 10 minutos, o hasta que las tortillas estén doradas.
- Para servir, poner 3 flautas en cada plato y agregar encima 2 cucharadas de repollo, 1 de tomate y 1 de crema, por porción.
- Sugerencia: servir cada porción con ½ taza de arroz cocinado con ½ cucharada de aceite de oliva.

Información nutricional

Calorías: 359; proteína: 21 g; carbohidratos: 27 g; sodio: 79 mg; potasio: 405 mg; fósforo: 206 mg.

Con media taza de arroz

Calorías: 501; proteína: 23 g; carbohidratos: 54 g; sodio: 80 mg; potasio: 429 mg; fósforo: 231 mg.

Milanesa de pollo al horno (2 porciones)

Ingredientes
- 1 huevo batido
- 2 cucharadas de sustituto de crema
- 1 cucharadita de perejil
- 1 diente de ajo, finamente picado
- ¼ de taza de pan molido
- 6 oz (170g) de pechuga de pollo, cortadas en rebanadas delgadas

Preparación
- Precalentar el horno a 350° F.
- Batir el huevo en un recipiente extendido. Agregar el sustituto de crema, el perejil y el ajo hasta lograr una mezcla uniforme.
- Colocar el pan molido en un plato.
- Mojar, una a una, las pechugas de pollo en la mezcla de huevo y después pasarla por el pan molido, hasta cubrirlas por completo.
- Colocar las pechugas de pollo en una bandeja para hornear.
- Hornear el pollo durante 20 minutos o hasta que esté cocido.
- Sugerencia: servir cada pieza con 1 una taza de puré de coliflor y ensalada de lechuga con zanahoria (ver receta en "Acompañantes").

Información nutricional

Calorías: 208; proteína: 23 g; carbohidratos: 12 g; sodio: 234 mg; potasio: 385 mg; fósforo: 253 mg.

Con puré de coliflor

Calorías: 328; proteína: 26 g; carbohidratos: 20 g; sodio: 292 mg; potasio: 536 mg; fósforo: 313 mg.

Con puré de coliflor y ensalada de lechuga y zanahoria

Calorías: 469; proteína: 27 g; carbohidratos: 24 g; sodio: 300 mg; potasio: 670 mg; fósforo: 330 mg.

Pimientos rellenos de pollo (2 porciones)

Ingredientes
- 2 pimientos morrones
- 2 cucharadas de mantequilla, sin sal
- 2 cucharadas de cebolla, finamente picada
- ½ taza de apio, finamente picado
- 4 oz (113g) de pollo, cortado en cubos pequeños
- 1 taza de arroz cocido
- 2 cucharaditas de queso crema
- Pimienta negra
- Comino
- Cilantro en polvo

Preparación
- Precalentar el horno a 350° F.
- Cortar la parte superior de los pimientos y retirar las semillas, cuidando de no romperlos. Dejar a un lado.
- Calentar la mantequilla en una sartén a fuego medio. Agregar la cebolla y el apio, cocinar hasta que queden transparentes. Incorporar el pollo, el cilantro en polvo, el comino y la pimienta. Cocinar de 10 a 15 minutos hasta que el pollo se cocine. Retirar del fuego.
- Agregar el arroz y el queso crema. Mezclar bien.
- Rellenar los pimientos con la mitad de la mezcla de pollo, colocar en una bandeja para hornear.
- Hornear por 15 minutos o hasta que los pimientos estén cocidos. Servir.

Información nutricional

Calorías: 363; proteína: 17 g; carbohidratos: 41 g; sodio: 108 mg; potasio: 733 mg; fósforo: 218 mg.

Estofado de pollo (2 porciones)

Ingredientes

- 2 piezas de pollo (muslo o pechuga, de 4 oz (113g) cada una)
- Pimienta negra
- 2 cucharadas de aceite de oliva
- 1 cucharada de ajo, finamente picado
- ¼ taza de cebolla picada
- ½ cucharada de pasta de tomate
- ½ cucharada de ají panca molido
- ½ taza de arvejas (chícharos) congeladas
- ½ taza de zanahoria en rodajas
- ¼ taza de Oporto
- 1 taza de caldo de pollo bajo en sodio

Preparación

- Lavar y secar las piezas de pollo. Sazonar con pimienta.
- Calentar el aceite en una olla, freír el pollo hasta que quede dorado. Retirar.
- En el mismo aceite dorar los ajos, la cebolla, la pasta de tomate y el ají panca.
- Agregar las arvejas (chícharos), las zanahorias, el Oporto y el caldo. Dejar hervir 5 minutos.
- Incorporar el pollo, tapar la olla y cocinar a fuego lento por unos 20 minutos más.
- Sugerencia: servir cada porción con 1 taza de arroz blanco cocinado con 1 cucharada de aceite de oliva.

Información nutricional

Calorías: 316**;** proteína: 17 g; carbohidratos: 19 g; sodio: 173 mg; potasio: 517 mg; fósforo: 203 mg.

Con una taza arroz blanco

Calorías: 597; proteína: 21 g; carbohidratos: 72 g; sodio: 173 mg; potasio: 565 mg; fósforo: 264 mg.

Pollo a la parrilla sobre una cama de arroz (2 porciones)

Ingredientes

- 1 cucharada de aceite de oliva
- Hierbas al gusto
- Pimienta negra
- 2 pechugas de pollo de 3 oz (85g) cada una
- 1 taza de arroz cocido con una cucharadita de aceite de oliva

Preparación

- Mezclar las hierbas, la pimienta y el aceite de oliva.
- Untar la mezcla sobre el pollo.
- Poner a la parrilla y cocinar por ambos lados hasta que esté bien cocido.
- Servir cada pechuga de pollo con ½ taza de arroz.
- Sugerencia: acompañar cada porción con ensalada de pimientos rostizados (ver receta en "Acompañantes").

Información nutricional

Calorías: 439; proteína: 22 g; carbohidratos: 54 g; sodio: 99 mg; potasio: 369 mg; fósforo: 241 mg.

Con ensalada de pimientos rostizados

Calorías: 517; proteína: 23 g; carbohidratos: 58 g; sodio: 102 mg; potasio: 495 mg; fósforo: 25 7mg.

Brochetas de pollo (2 porciones)

Ingredientes

- 6 oz (170g) de pechuga de pollo cortada en trozos medianos
- 1 cucharada de salsa de soya
- 1 cucharada de azúcar morena
- ¼ cucharadita de jengibre en polvo
- ¼ cucharada de aceite de ajonjolí
- 1 diente de ajo finamente picado
- Pimienta negra

- 1 taza de piña cortada en trozos
- 4 brochetas o palitos de bambú o madera, de siete pulgadas

Preparación

- Colocar el pollo en un refractario.
- En un tazón pequeño mezclar la salsa de soya, el azúcar, el jengibre, el aceite, el ajo y la pimienta. Mezclar bien.
- Verter la mezcla sobre el pollo y dejar macerar, por lo menos, 15 minutos.
- Una vez macerado, ensartar el pollo y la piña en los palitos de bambú, alternándolos.
- Colocar las brochetas sobre la parrilla a fuego medio, sin tapar, unos 10 minutos, dándoles vuelta. Una vez que el pollo esté cocido, retirar del fuego.
- Sugerencia: servir cada porción con una taza de arroz con cúrcuma (ver receta en "Acompañantes").

Información nutricional

Calorías: 221; proteína: 19g; carbohidratos: 16 g; sodio: 401 mg; potasio: 430 mg; fósforo: 197 mg.

Con una taza arroz

Calorías: 548; proteína: 24 g; carbohidratos: 74 g; sodio: 408 mg; potasio: 591 mg; fósforo: 309 mg

Carnes

Filete de res marinado (2 porciones)

Ingredientes

- 6 oz (170g) de filete de res, cortado delgado
- 2 cucharadas de aceite de oliva
- 2 cucharadas de jugo de limón
- 2 cucharadas de perejil picado
- 1 diente de ajo picado

- ½ cebolla, cortada en rodajas finas
- Pimienta negra

Preparación

- Colocar la carne en un refractario.
- En un mortero (o un tazón pequeño), mezclar 1 cucharada de aceite de oliva, el jugo de limón, el perejil y el ajo.
- Untar la mezcla sobre la carne y dejar macerar por lo menos 15 minutos. Con una cucharita o brocha remover el adobo antes de cocinar. Reservar el adobo.
- Agregar la segunda cucharada de aceite en una sartén, cuando esté bien caliente, agregar la carne y cocinar entre 2 y 3 minutos. Dar la vuelta al filete y dejar cocinar otro tanto más. El tiempo puede variar de acuerdo con cada gusto. Reservar la carne a un lado.
- Agregar el adobo de la carne en la misma sartén y añadir la cebolla. Cocinar hasta que la cebolla quede transparente. Untar encima de la carne y servir.
- Sugerencia: servir cada porción con 1 taza de puré de coliflor y ensalada verde (ver receta en "Acompañantes").

Información nutricional

Calorías: 258; proteína: 19 g; carbohidratos: 2 g; sodio: 49 mg; potasio: 334 mg; fósforo: 182 mg.

Con puré de coliflor

Calorías: 378; proteína: 22 g; carbohidratos: 10 g; sodio: 107 mg; potasio: 515 mg; fósforo: 242 mg.

Con puré de coliflor y ensalada verde

Calorías: 519; proteína: 23 g; carbohidratos: 14 g; sodio: 115 mg; potasio: 649 mg; fósforo: 259 mg.

Tacos de filete de res (2 porciones)

Ingredientes

- 4 oz (113g) de filete de res
- 2 cucharadas de aceite de oliva
- 2 cucharadas de jugo de limón
- 2 cucharadas de cilantro picado
- 1 diente de ajo picado
- ¼ cucharadita de comino
- ½ cucharadita de orégano
- Pimienta negra
- 4 tortillas de maíz

Preparación

- Colocar la carne en un refractario.
- Mezclar una 1 cucharada de aceite de oliva y el resto de los ingredientes, excepto la carne y las tortillas, en un tazón pequeño.
- Untar la mezcla sobre la carne y dejar macerar, por lo menos, 15 minutos.
- Agregar 1 cucharada de aceite en una sartén, cuando esté bien caliente, cocinar la carne por unos 5 minutos. Dar la vuelta al filete y dejar cocinar otro tanto más. El tiempo puede variar según cada gusto.
- Retirar del fuego y cortar en tiras.
- Calentar las tortillas.
- Servir la carne sobre las tortillas.
- Sugerencia: servir cada porción con ensalada de lechuga con zanahoria (ver receta en "Acompañantes").

Información nutricional

Calorías: 250; proteína: 19 g; carbohidratos: 20 g; sodio: 41 mg; potasio: 316 mg; fósforo: 156 mg.

Con ensalada de lechuga y zanahoria

Calorías: 386; proteína: 20 g; carbohidratos: 24 g; sodio: 58 mg; potasio: 467 mg; fósforo: 176 mg.

Picadillo estilo cubano (2 porciones)

Ingredientes

- 1 cucharada de aceite de oliva
- 1 diente de ajo picado
- 3 cucharadas de cebolla picada
- ½ pimiento rojo picado
- ½ cucharadita de comino
- 6 oz (170g) de carne molida, baja en grasa (85%)
- ½ taza de vino blanco para cocinar
- 6 aceitunas verdes rellenas con pimiento, picadas
- 1 cucharada de alcaparras escurridas
- Pimienta negra

Preparación

- Calentar la sartén a fuego medio, agregar el aceite de oliva, el ajo, la cebolla y el pimiento.
- Saltear hasta que la cebolla quede transparente, unos 3 minutos. Añadir el comino y tostar por unos segundos.
- Agregar la carne y cocinar, revolviendo frecuentemente y romper cualquier bolita que pueda formarse.
- Cocinar entre 3 y 5 minutos.
- Añadir el vino y bajar el fuego. Agregar las aceitunas y las alcaparras. Cocinar durante unos 6 a 8 minutos más, hasta que casi todo el líquido se haya evaporado.
- Agregar pimienta al gusto.
- Sugerencia: servir cada porción con 1 taza de arroz cocinado con 1 cucharada de aceite de oliva.

Información nutricional

Calorías: 301; proteína: 17 g; carbohidratos: 6 g; sodio: 315 mg; potasio: 393 mg; fósforo: 170 mg.

Con una taza arroz

Calorías: 582; proteína: 21 g; carbohidratos: 59 g; sodio: 319 mg; potasio: 441 mg; fósforo: 231 mg.

Salpicón de carne (2 porciones)

Ingredientes

- 4 oz (113g) de falda de res
- ¼ de cebolla
- 4 hojas de laurel
- 2 cucharaditas de orégano seco
- 2 cucharadas de cebolla picada
- 4 cucharadas de cilantro picado
- ½ chile serrano o jalapeño
- Jugo de 2 limones
- 2 cucharadas de aceite de oliva
- Pimienta negra
- 4 tortillas de maíz (puede substituir con tostadas horneadas)
- 1 taza de lechuga romana, finamente cortada

Preparación

- Poner a cocinar la carne en agua con el trozo de cebolla, las hojas de laurel y 1 cucharadita de orégano seco en una olla grande. Se puede utilizar la olla de presión.
- Una vez que esté bien cocida, dejar enfriar.
- Deshebrar la carne y mezclar con la cebolla picada, el cilantro, el chile, el jugo de limón, el resto del orégano, el aceite de oliva y la pimienta.
- Servir con las tortillas calientes y lechuga.

Información nutricional

Calorías: 350; proteína: 19 g; carbohidratos: 20 g; sodio: 99 mg; potasio: 473 mg; fósforo: 131 mg.

Brochetas de carne (2 porciones)

Ingredientes

- 6 oz (170g) de filete de carne cortada en trozos medianos
- 2 cucharadas de jugo de limón
- 1 cucharada de aceite de oliva
- 2 cucharadas de cilantro picado
- 1 diente de ajo picado

- ¼ cucharadita de ralladura de cáscara de limón
- ¼ cucharadita de comino
- ½ cucharadita de orégano
- Pimienta negra
- ½ taza de calabacita, cortada en trozos de una pulgada
- 1 pimiento rojo mediano, cortado en trozos de una pulgada
- 4 brochetas o palitos de bambú o madera, de 7 pulgadas

Preparación

- Colocar la carne en un refractario.
- Mezclar el jugo de limón, el aceite de oliva, el cilantro, el ajo, la cáscara de limón, el comino, el orégano y la pimienta negra en un tazón pequeño.
- Untar la mezcla sobre la carne y dejar macerar, por lo menos, 15 minutos.
- Una vez macerada, ensartar la carne, la calabacita y los pimientos en los palitos de bambú, alternándolos.
- Colocar las brochetas sobre la parrilla a fuego medio, sin tapar, de 10 a 15 minutos, dándoles vuelta. Una vez que la carne esté cocida y las verduras estén tiernas, retirar del fuego.
- Sugerencia: servir cada porción con 1 taza de arroz blanco, cocinado con 1 cucharada de aceite de oliva.

Información nutricional

Calorías: 226; proteína: 20 g; carbohidratos: 8 g; sodio: 55 mg; potasio: 567 mg; fósforo: 212 mg.

Con una taza arroz

Calorías: 507; proteína: 24 g; carbohidratos: 61 g; sodio: 55 mg; potasio: 615 mg; fósforo: 273 mg.

Empanadas de carne (2 porciones, 2 empanadas por persona)

Ingredientes

- 2 cucharadas de aceite de oliva
- 1 diente de ajo finamente picado
- 2 cucharadas de cebolla blanca picada

- ½ taza de pimiento morrón rojo, cortado en cuadritos
- 5 oz (140g) de carne de lomo molida
- 1 cucharada de orégano seco
- ½ cucharada de pimienta roja molida
- ½ cucharada de comino molido
- Pimienta negra
- 4 discos (tapas) de masa de empanada. Puede utilizar la masa casera de empanadas (receta abajo) o utilizar masa comercial
- 4 aceitunas verdes sin hueso
- Yema de un huevo (para barnizar las empanadas)

Preparación
- Precalentar el horno a 400º F.
- Calentar el aceite de oliva en una sartén grande. Añadir el ajo, la cebolla y el pimiento. Saltear hasta que estén ligeramente dorados.
- Agregar la carne, las especias y cocinar hasta que la carne esté dorada. Dejar que la mezcla se enfríe.
- Rellenar los discos de empanadas con la carne y añadir 1 aceituna cortada a la mitad a cada una. Sellar la empanada (se puede utilizar el mango de una cuchara para presionar el borde).
- Barnizar cada empanada con yema de huevo, utilizando una brocha.
- Hornear hasta que la masa quede dorada, aproximadamente de 20 a 25 minutos. Servir 2 empanadas por persona.

Información nutricional

Calorías: 556; proteína: 22 g; carbohidratos: 43 g; sodio: 788 mg; potasio: 461 mg; fósforo: 474 mg.

Masa de empanadas (rinde unos 15 discos)
Ingredientes:
- 3 tazas de harina de trigo
- ¼ cucharadita de sal
- 6 oz (170g) de mantequilla sin sal, fría y cortada en 12 pedacitos
- 1 huevo
- 5 cucharadas de agua fría

Preparación:

- Mezclar la harina y la sal en un procesador de alimentos.
- Añadir la mantequilla, el huevo y el agua, hasta que tome consistencia de masa.
- Amasar y formar una bola, dejar reposar en el refrigerador por una media hora.
- Estirar la masa con un rodillo hasta obtener una capa fina. Cortar círculos para las empanadas del tamaño deseado (sugerencia: usar moldes redondos, un plato pequeño o una taza).
- Utilizar inmediatamente para formar las empanadas o guardar en el refrigerador para usarlas más tarde.
- Lo que sobre de la masa se puede congelar para utilizarlo en otra ocasión.

Para que las empanadas queden bien selladas, se recomienda usar la clara de huevo en los filos para que sirva como pegamento, antes de presionar los bordes. También se sugiere dejarlas en el refrigerador, por lo menos, 30 minutos antes de hornearlas para que no se abran cuando se estén horneando.

Información nutricional por tapa

Calorías: 134; proteína: 3 g; carbohidratos: 19 g; sodio: 323 mg; potasio: 37 mg; fósforo: 157 mg.

Cerdo

Lomo de cerdo fácil (2 porciones)

Ingredientes

- ¼ cucharadita de comino
- Pimienta negra
- 1 diente de ajo molido
- ½ cucharadita de orégano
- Jugo de un limón
- ¼ taza de vino para cocinar
- 2 cucharadas de aceite de oliva
- 6 oz (170g) de lomo de cerdo

Preparación

- Calentar una sartén a fuego medio, agregar el comino y la pimienta moviendo constantemente hasta que desprendan su aroma y empiecen a tostarse (alrededor de 2 minutos). Retirar del fuego.
- Mezclar las especias tostadas con el ajo y el orégano. Colocar la mezcla en un tazón y agregar el jugo de limón, el vino y el aceite de oliva.
- Cortar el cerdo en 2 porciones y colocarlas en una bolsa de plástico con cierre, tipo ziploc. Verter la mezcla sobre la carne y cerrar la bolsa. Dejar macerar por unos minutos (incluso se puede hacer con un día de antelación, si se desea).
- Rociar aceite antiadherente en una sartén a fuego medio, colocar el cerdo y cocinar durante unos 10 minutos, agregando el jugo en el que se maceró para que se mantenga jugoso. Servir.
- Sugerencia: servir cada porción con 1 taza de arroz blanco cocinado con 1 cucharada de aceite de oliva.

Información nutricional

Calorías: 142; proteína: 12 g; carbohidratos: 2 g; sodio: 142 mg; potasio: 227 mg; fósforo: 125 mg.

Con una taza arroz

Calorías: 423; proteína: 16 g; carbohidratos: 55 g; sodio: 142 mg; potasio: 275 mg; fósforo: 186 mg.

Carnitas (2 personas)

Ingredientes

- ¼ cucharadita de comino
- ¼ cucharadita de coriando
- ¼ cucharadita de orégano
- 6 oz (170g) de lomo de cerdo, deshuesado
- 3 cucharadas de aceite de oliva
- 1 diente de ajo entero
- Pimenta negra
- ¼ cebolla mediana, cortada en trozos grandes

- 1 zanahoria mediana, cortada en trozos grandes
- 4 tortillas de maíz

Preparación

- Untar el lomo de cerdo con el comino, el coriando y el orégano.
- Poner a calentar una cacerola mediana a fuego medio y agregar el aceite. Una vez caliente, asar el lomo por 1 o 2 minutos de cada lado, sólo para sellar.
- Agregar agua hasta cubrir, añadir el resto de los ingredientes.
- Llevar a punto de ebullición, tapar y disminuir la temperatura a fuego medio, hervir suavemente por 20 minutos o hasta que la carne quede suave.
- Desmenuzar el cerdo.
- Se puede poner al horno por unos minutos, a 375° F, para un mejor sabor.
- Servir sobre tortillas de maíz.
- Sugerencia: acompañar cada porción con ensalada verde (ver receta en "Acompañantes").

Información nutricional

Calorías: 363; proteína: 19 g; carbohidratos: 17 g; sodio: 70 mg; potasio: 468 mg; fósforo: 226 mg.

Con ensalada verde

Calorías: 487; proteína: 19 g; carbohidratos: 69 g; sodio: 497 mg; potasio: 704 mg; fósforo: 346 mg.

Chuletas de cerdo al horno (2 porciones)

Ingredientes

- Aceite antiadherente
- ¼ taza de harina para todo uso
- 1 huevo grande
- ¼ taza de agua
- ¼ taza de cereal de hojuelas de maíz molidas
- 2 centros de chuletas de cerdo, de 3 oz (85g) cada una

- 1 cucharada de mantequilla
- ½ cucharadita de pimienta roja

Preparación

- Precalentar el horno a 350 ° F.
- Rociar una bandeja de hornear con aceite antiadherente. Poner a un lado.
- Colocar la harina en un recipiente poco profundo.
- En otro recipiente poco profundo, batir el huevo y mezclarlo con el agua.
- Por otro lado, colocar las hojuelas de maíz molidas en un tercer plato extendido.
- Cubrir cada chuleta de cerdo con la harina, luego pasarla por la mezcla de huevo y finalmente por las hojuelas de maíz molidas.
- Colocar las chuletas en la bandeja para hornear previamente engrasada.
- Derretir la mantequilla en el microondas o en una sartén pequeña, agregar la pimienta roja. Bañar cada chuleta con esta mezcla.
- Meter las chuletas al horno durante 40 minutos o hasta que estén bien cocidas.
- Sugerencia: servir cada porción con 1 taza de arroz blanco cocinado con 1 cucharada de aceite de oliva.

Información nutricional

Calorías: 251; proteína: 24 g; carbohidratos: 15 g; sodio: 457 mg; potasio: 483 mg; fósforo: 399 mg.

Con una taza arroz blanco

Calorías: 532; proteína: 28 g; carbohidratos: 69 g; sodio: 457 mg; potasio: 532 mg; fósforo: 459 mg.

Pescados y mariscos

Arroz con camarones (2 porciones)

Ingredientes

- 6 oz (170g) de camarones, lavados, sin tripita y sin pelar
- 1 cucharada de aceite de oliva
- 1 taza de arroz crudo
- 1 cucharada de mantequilla
- ½ taza de cebolla roja cortada en cuadritos
- 1 diente de ajo picado
- 1 pimiento rojo cortado en cuadritos
- 1 cucharada de perejil, finamente picado (cortar un poco más para servir)
- ½ cucharadita de achiote molido
- 1 cucharadita de comino molido
- Pimienta negra
- ¼ de taza de vino blanco para cocinar

Preparación

- Hervir en una olla grande los camarones con suficiente agua, por unos 2 minutos hasta alcanzar el punto de ebullición.
- Sacar los camarones del agua, guardándola para luego cocinar el arroz en este mismo líquido.
- Calentar el aceite en una sartén mediana, añadir el arroz y mezclar bien, agregar 2 tazas del agua donde se cocinaron los camarones. Dejar que hierva y reducir a fuego lento.
- Por otro lado, derretir la mantequilla en una sartén a fuego medio y preparar un sofrito con la cebolla, el ajo, el pimiento, el perejil, el achiote molido, el comino y la pimienta. Cocinar por unos 5 minutos, revolviendo de vez en cuando.
- Añadir el vino blanco y cocinar por 5 minutos más. Si se empieza a secar, se puede agregar un poco del agua donde se cocinaron los camarones.
- Mezclar el sofrito y los camarones con el arroz, y cocinar a fuego lento hasta que el arroz esté listo.
- Espolvorear con perejil picado. Servir.

Información nutricional

Calorías: 577; proteína: 19 g; carbohidratos: 87 g; sodio: 625 mg; potasio: 365 mg; fósforo: 336 mg.

Brochetas de camarones (2 porciones)

Ingredientes

- 4 palitos de bambú o madera (7 pulgadas)
- 6 oz (170g) de camarones medianos, pelados y desvenados, crudos
- 1 calabacita mediana, cortada en trozos de una pulgada
- 1 pimiento rojo mediano, cortado en trozos de una pulgada
- ½ taza de piña fresca, cortada en cubos
- Pimenta roja
- 1 limón (opcional)

Preparación

- Calentar la parrilla de carbón o gas.
- Ensartar los camarones, las calabacitas, los pimientos y la piña en los palitos de bambú, alternándolos.
- Sazonar con pimienta roja.
- Colocar las brochetas sobre la parrilla a fuego medio, sin tapar, de 6 a 8 minutos, dándoles vuelta. Una vez que los camarones estén rosados y las verduras tiernas, retirar del fuego.
- Añadir jugo de limón, si se desea.
- Sugerencia: servir cada porción con 1 taza de arroz blanco cocinado con 1 cucharada de aceite de oliva y ensalada César (ver receta en "Acompañantes").

Información nutricional:

Calorías: 141; proteína: 14 g; carbohidratos: 20 g; sodio: 487 mg; potasio: 515 mg; fósforo: 262 mg.

Con una taza arroz

Calorías: 423; proteína: 18 g; carbohidratos: 73 g; sodio: 488 mg; potasio: 563 mg; fósforo: 323 mg.

Tacos de camarones (2 porciones)

Ingredientes

- 6 oz (170g) de camarones, pelados y sin vena
- ½ cucharadita de comino
- ¼ de cucharadita de pimienta roja
- 1 cucharada de aceite de oliva
- 1 diente de ajo, finamente picado
- 4 tortillas de maíz
- 4 cucharadas de repollo picado
- 2 cucharadas de tomate picado
- 2 cucharadas de crema
- 2 limones

Preparación

- Sazonar los camarones con el comino y la pimienta roja.
- Calentar el aceite de oliva en una sartén y saltear el ajo por unos minutos. Agregar los camarones y cocinar hasta que estén bien cocidos, unos 5 minutos.
- Retirar del fuego.
- Por otro lado, calentar las tortillas de maíz, dándoles vuelta para que se calienten parejo.
- Para armar los tacos: dividir los camarones entre las 4 tortillas, agregar 1cucharada de repollo, ½ cucharada de tomate picado y ½ cucharada de crema en cada taco. Agregar jugo de limón al gusto. Servir.

Información nutricional:

Calorías: 285; proteína: 19 g; carbohidratos: 29 g; sodio: 659 mg; potasio: 302 mg; fósforo: 316 mg.

Salmón al horno con espárragos (2 porciones)

Ingredientes:

- 6 oz (170g) de salmón
- 2 cucharadas de aceite de oliva
- 2 cucharadita de jugo de limón
- Albahaca o romero fresco o seco

- Pimenta negra
- 6 espárragos frescos
- Aceite antiadherente

Preparación: (Cambió todo el orden de la receta original)

- En un recipiente para hornear, poner el pescado y sazonar con una cucharada de aceite de oliva y el jugo de limón. Añadir las hierbas y la pimienta. Dejar macerar, al menos, 10 minutos.
- Precalentar el horno a una temperatura de 425° F. Poner el pescado a hornear durante unos 20 minutos o hasta que se deshaga fácilmente con un tenedor.
- Lavar los espárragos y cortar la base. Poner en un recipiente adecuado para meter al horno. Sazonar con el resto del aceite de oliva. Agregar la pimienta.
- Meter los espárragos al horno cuando al pescado le falten unos 12 minutos.
- Sugerencia: servir cada porción con 1 taza de arroz blanco cocinado con 1 cucharada de aceite de oliva.

Información nutricional

Calorías: 252; proteína: 19 g; carbohidratos: 3 g; sodio: 39 mg; potasio: 524 mg; fósforo: 196 mg.

Con una taza arroz

Calorías: 533; proteína: 23 g; carbohidratos: 56 g; sodio: 39 mg; potasio: 572 mg; fósforo: 257 mg.

Pescado sudado (2 porciones)

Ingredientes

- 2 cucharadas de aceite de oliva
- ½ cebolla roja mediana, cortada en rodajas
- 1 diente de ajo picado
- 1 cucharadita de jengibre rallado
- 1 cucharada de perejil picado
- 1 cucharada de cilantro picado
- Jugo de un limón

- ¼ taza de vino blanco para cocinar
- Pimienta negra
- 2 filetes de pescado blanco de 3 oz (85g) cada uno

Preparación

- Calentar el aceite en una sartén a fuego medio, agregar la cebolla, el ajo y el jengibre. Cocinar hasta que la cebolla quede suave.
- Añadir el perejil y el cilantro. Agregar el limón y el vino, dejar cocinar unos minutos para que se evapore el alcohol.
- Colocar los filetes de pescado encima de la mezcla. Tapar y dejar cocinar a fuego lento por unos 12 a 15 minutos. Sazonar con la pimienta.
- Sugerencia: servir cada porción sobre 1 taza de arroz blanco cocinado con 1 cucharada de aceite de oliva y ensalada verde (ver receta en "Acompañantes").

Información nutricional

Calorías: 235; proteína: 17 g; carbohidratos: 9 g; sodio: 81 mg; potasio: 496 mg; fósforo: 145 mg.

Con una taza arroz

Calorías: 516; proteína: 21 g; carbohidratos: 62 g; sodio: 82 mg; potasio: 544 mg; fósforo: 206 mg.

Con arroz y ensalada verde

Calorías: 657; proteína: 22 g; carbohidratos: 66 g; sodio: 90 mg; potasio: 678 mg; fósforo: 223 mg.

Pescado asado al ajo (2 porciones)

Ingredientes

- 2 filetes de pescado blanco de 3 oz (85g) cada uno (mahi mahi o tilapia)
- 1 cucharada de aceite de oliva
- 1 limón cortado en rodajas
- 1 diente de ajo, cortado en rebanadas finas

- 1 cucharadita de romero
- Pimienta negra
- ¼ taza de leche de coco (opcional)

Preparación

- Precalentar el horno a 350° F.
- Poner el pescado en un papel aluminio suficientemente grande para envolver cada filete.
- Untar aceite de oliva sobre el pescado.
- Colocar las rodajas de limón y el ajo encima del pescado. Agregar el romero y la pimienta.
- Rociar con leche de coco.
- Sellar la envoltura y hornear durante 15 a 20 minutos o hasta que el pescado quede suave.
- Sugerencia: servir cada porción con 1 taza de arroz cocinado con 1 cucharada de aceite de oliva y ensalada de pimiento morrón (ver receta en "Acompañantes").

Información nutricional

Calorías: 215; proteína: 17 g; carbohidratos: 5 g; sodio: 80 mg; potasio: 477 mg; fósforo: 160 mg.

Con una taza arroz

Calorías: 496; proteína: 21 g; carbohidratos: 58 g; sodio: 80 mg; potasio: 525 mg; fósforo: 221 mg.

Con arroz y ensalada de pimiento morrón

Calorías: 574; proteína: 22 g; carbohidratos: 62 g; sodio: 83 mg; potasio: 651 mg; fósforo: 237 mg.

Pastas

Espagueti con pimiento rojo (2 porciones)

Ingredientes

- 2 cucharadas de aceite de oliva
- 1 diente de ajo picado
- 1 pimiento morrón rojo mediano, cortado en cuadritos
- Pimienta negra
- Pimienta roja
- 3 tazas de espagueti cocido
- 1oz (28g) de queso parmesano, bajo en sodio
- 2 hojas de albahaca

Preparación

- Calentar el aceite en una sartén, freír el ajo y el pimiento. Sazonar con la pimienta negra y roja.
- Separar el espagueti en 2 porciones y agregar la mitad de los pimientos sobre cada porción.
- Espolvorear el queso.

Información nutricional

Calorías: 537; proteína: 19 g; carbohidratos: 70 g; sodio: 15 mg; potasio: 250 mg; fósforo: 255 mg.

Ensalada de pasta de lacitos (2 porciones)

Ingredientes

- 3 tazas de pasta de lacitos cocida
- ½ taza de pimiento rojo picado
- ½ taza de zanahoria rallada
- ¼ taza de cebolla morada, finamente picada
- ¼ taza de perejil picado
- 2 cucharadas de aceite de oliva
- 1 cucharada de jugo de limón
- Pimienta negra
- Pimienta roja
- 4 oz (113g) de queso de cabra

Preparación

- Mezclar la pasta, el pimiento rojo, la zanahoria, la cebolla morada y el perejil en un tazón.
- Preparar el aderezo en otro tazón chico, mezclando el aceite con el jugo de limón hasta que se incorporen. Agregar la pimienta negra y roja.
- Verter el aderezo sobre la pasta y los vegetales, mezclar.
- Agregar el queso y revolver.
- Enfriar y servir.

Información nutricional

Calorías: 623; proteína: 23 g; carbohidratos: 72 g; sodio: 237 mg; potasio: 320 mg; fósforo: 176 mg.

Pasta primavera (2 porciones)

Ingredientes

- 6 oz (170g) de pasta estilo farfalle, sin cocer
- 1 taza de caldo de pollo, bajo en sodio
- 1 cucharada de harina blanca
- 2 cucharadas de sustituto de crema (no lácteo)
- 1 cucharada de aceite de oliva
- 1 diente de ajo picado
- 1 zanahoria, cortada en cuadritos
- ½ pimiento morrón rojo, cortado en tiras
- ½ pimiento morrón amarrillo, cortado en tiras
- 2 cucharadas de queso parmesano rallado

Preparación

- Cocinar la pasta siguiendo las instrucciones del paquete, omitiendo la sal. Escurrir y dejar a un lado.
- Mientras se cocina la pasta, poner el caldo de pollo en una olla pequeña a fuego lento.
- Agregar la harina batiendo vigorosamente para evitar que se formen grumos.
- Agregar el sustituto de crema, mezclar.

- Cocinar a fuego lento entre 5 y 10 minutos hasta que se espese ligeramente, revolviendo de vez en cuando. Retirar del fuego y reservar.
- Por otro lado, calentar el aceite a fuego medio en una sartén mediana, agregar el ajo, la zanahoria y los pimientos. Cocinar hasta que el ajo quede ligeramente dorado y los vegetales suaves.
- Añadir la pasta, cocinar ligeramente por 1 o 2 minutos.
- Agregar la salsa y calentar por un minuto más.
- Espolvorear con el queso parmesano. Servir.

Información nutricional

Calorías: 487; proteína: 17 g; carbohidratos: 77 g; sodio: 488 mg; potasio: 570 mg; fósforo: 270 mg.

Fettuccini Alfredo (2 porciones)

Ingredientes
- 6 oz (170g) de fettuccini, sin cocer
- 1 cucharada de mantequilla
- 1 diente de ajo, finamente picado
- ¼ taza de pimiento rojo picado
- ½ cucharada de harina blanca
- ¼ taza de vino blanco
- ¼ taza de caldo de pollo, bajo en sodio
- ¼ taza de crema (no láctea)
- ½ cucharadita de perejil seco
- ¼ cucharadita de pimienta negra
- 2 cucharadas de queso parmesano rallado

Preparación
- Cocinar el fettuccini de acuerdo con las instrucciones del paquete, omitiendo la sal. Escurrir y dejar a un lado.
- Derretir la mantequilla en una olla mediana. Agregar el ajo, el pimiento rojo y freír entre 1 y 2 minutos, hasta que el ajo quede ligeramente dorado y los pimientos suaves.
- Agregar lentamente la harina en la olla y cocinar durante 1 minuto hasta que no tenga grumos.
- Añadir el vino, revolviendo hasta que quede una mezcla uniforme.

- Poner el caldo, la crema no láctea, el perejil y la pimienta negra. Revolver.
- Agregar poco a poco el queso parmesano. Reducir el fuego y cocinar por unos 5 minutos, hasta que la mezcla comience a hervir, revolviendo de vez en cuando.
- Poner la salsa sobre la pasta. Servir.

Información nutricional

Calorías: 472; proteína: 14 g; carbohidratos: 72 g; sodio: 102 mg; potasio: 296 mg; fósforo: 223 mg.

Entre panes y tortillas

Hamburguesa de pavo a la parrilla (2 porciones)

Ingredientes
- 2 hamburguesas de pavo bajo en grasa, de 3 oz (85g) cada una
- 2 panes de hamburguesa
- 2 cucharadas de mayonesa

Preparación
- Asar las hamburguesas de pavo hasta que estén bien cocidas.
- Untar cada pan con 1 cucharadita de mayonesa.
- Agregar la carne.
- Sugerencia: servir cada hamburguesa con ensalada verde (ver receta en "Acompañantes").

Información nutricional

Calorías: 445; proteína: 22 g; carbohidratos: 22 g; sodio: 431 mg; potasio: 58 mg; fósforo: 53 mg.

Con ensalada verde

Calorías: 586; proteína: 23 g; carbohidratos: 26 g; sodio: 439 mg; potasio: 192 mg; fósforo: 70 mg.

Sándwich de atún (2 porciones)

Ingredientes

- 6 oz (170g) de atún, enlatado en agua
- 2 cucharaditas de cebolla picada
- 2 cucharadas de apio picado
- 2 cucharadas de mayonesa
- 4 rebanadas de pan blanco

Preparación

- Poner el atún en un tazón, agregar la cebolla, el apio y la mayonesa. Mezclar bien haciendo una pasta.
- Servir media porción de la mezcla entre 2 rebanadas de pan.
- Sugerencia: servir cada sándwich con ensalada de lechuga y zanahoria (ver receta en "Acompañantes").

Información nutricional

Calorías: 236; proteína: 16 g; carbohidratos: 27 g; sodio: 485 mg; potasio: 198 mg; fósforo: 143 mg.

Con ensalada de lechuga y zanahoria

Calorías: 372; proteína: 17 g; carbohidratos: 31 g; sodio: 503 mg; potasio: 349 mg; fósforo: 163 mg.

Sándwich de pavo (2 porciones)

Ingredientes

- 4 oz (113g) de pavo natural, bajo en sodio*
- 2 cucharadas de mayonesa
- 4 rebanadas de pan blanco

Preparación

- Untar las rebanadas de pan con la mayonesa. Agregar el pavo. Servir.

*Es importante leer la etiqueta y elegir un pavo con menos de 500 mg de sodio, por porción de 2 oz (56g).

Información nutricional

Calorías: 390; proteína: 18 g; carbohidratos: 25 g; sodio: 682 mg; potasio: 16 mg; fósforo: 58 mg.

Sándwich de ensalada de pollo (2 porciones)

Ingredientes
- 6 oz (170g) de pollo cocido, cortado en cubos
- ¼ taza de apio cortado en trozos pequeños
- 1 manzana pequeña cortada en cubos
- ½ taza de uvas, cortadas a la mitad
- 2 cucharadas de mayonesa
- ¼ cucharadita de canela
- 4 rebanadas de pan blanco

Preparación
- Combinar todos los ingredientes.
- Servir frio entre 2 rebanadas de pan blanco.

Información nutricional

Calorías: 404; proteína: 23 g; carbohidratos: 45 g; sodio: 434 mg; potasio: 577 mg; fósforo: 254 mg.

Sándwich de pechuga de pollo a la parrilla (2 porciones)

Ingredientes
- 2 pechugas de pollo de 2 oz (56g), deshuesadas y sin piel, sazonadas con jugo de limón y hierbas
- 2 panes blancos de hamburguesa
- 2 hojas de lechuga
- 4 cucharadas de mayonesa

Preparación
- Asar al horno o a la parrilla las pechugas de pollo sazonadas, hasta que estén bien cocidas.
- Untar 1 cucharadita de mayonesa en cada pan, agregar el pollo y la lechuga. Servir.

- Sugerencia: servir cada sándwich con ensalada verde (ver receta en "Acompañantes").

Información nutricional

Calorías: 313; proteína: 22 g; carbohidratos: 22 g; sodio: 336 mg; potasio: 213 mg; fósforo: 180 mg.

Con ensalada verde

Calorías: 454; proteína: 23 g; carbohidratos: 26 g; sodio: 344 mg; potasio: 346 mg; fósforo: 197 mg

Sándwich de pescado a la parrilla (2 porciones)

Ingredientes
- 2 filetes de pescado sin espinas y sin piel de 3 oz (85g) cada uno, sazonado con jugo de limón y hierbas
- 2 panes blancos de hamburguesa
- 4 cucharaditas de mayonesa

Preparación
- Asar al horno o a la parrilla los filetes de pescado sazonados, hasta que estén bien cocidos.
- Untar 1 cucharadita de mayonesa en cada pan, agregar el pescado y la lechuga. Servir.

Información nutricional

Calorías: 415; proteína: 23 g; carbohidratos: 44 g; sodio: 584 mg; potasio: 367 mg; fósforo: 126 mg.

Sándwich de cerdo con salsa criolla, estilo peruano (butifarra) (2 porciones) FOTO

Ingredientes
Salsa criolla
- ¼ cebolla roja grande, cortada en rebanadas muy finas
- 2 cucharaditas de perejil fresco picado

- ¼ taza de jugo de lima recién exprimido
- 2 cucharadas de aceite de oliva

Cerdo

- ½ cucharadita de comino molido
- 1 diente de ajo picado
- 1 cucharada de jugo de limón
- 6 oz (170g) de lomo de cerdo sin hueso
- 1 cucharada de aceite de oliva
- 2 panecillos Franceses
- 2 cucharaditas de mayonesa

Preparación

- Combinar todos los ingredientes de la salsa criolla en un tazón pequeño. Tapar y meter en el refrigerador por una hora.
- Cuando la salsa esté casi lista, mezclar el comino, el ajo y el jugo de limón en un tazón pequeño hasta formar una pasta. Frotar el lomo de cerdo con esta mezcla.
- Calentar 1 cucharada de aceite en una sartén grande, cocinar el lomo a fuego medio hasta que la carne se dore por ambos lados. Retirar del fuego.
- Untar una cucharada de mayonesa en cada panecillo.
- Cortar el cerdo en rebanadas delgadas.
- Colocar la mitad de las rebanadas de cerdo en cada panecillo. Cubrir cada uno con ½ taza de salsa criolla. Servir.

Información nutricional

Calorías: 403; proteína: 25 g; carbohidratos: 36 g; sodio: 380 mg; potasio: 482 mg; fósforo: 289 mg.

Enrollado (wrap) de pollo (2 porciones)

Ingredientes

- 6 oz (170g) de pechuga de pollo, cortada en tiras
- Pimienta negra
- 1 cucharada de aceite de oliva
- 2 tortillas de harina grandes (8 pulgadas)
- 1 cucharada de mayonesa

- 2 hojas de lechuga
- 1 rebanada de cebolla morada
- 2 rebanadas de pimiento rojo
- ½ pepino cortado en rodajas

Preparación

- Sazonar la pechuga de pollo con pimienta.
- Calentar el aceite de oliva en una sartén a fuego medio y poner el pollo. Cocinar aproximadamente 5 minutos por cada lado, hasta que esté bien cocido. Retirar del fuego.
- Por otro lado, calentar las tortillas para suavizarlas y que sea más fácil enrollarlas. Untar ½ cucharada de mayonesa en cada tortilla, colocar 1 hoja de lechuga, 3 oz (85g) de pollo, ½ rodaja de cebolla, 1 rebanada de pimiento rojo y la mitad de las rebanadas de pepino en cada una.
- Comenzar por doblar los extremos, después enrollar de abajo hacia arriba y luego cortar por la mitad. Servir.

Información nutricional

Calorías: 372; proteína: 24 g; carbohidratos: 27 g; sodio: 401 mg; potasio: 425 mg; fósforo: 197 mg.

Ensalada como plato principal

Ensalada de atún (2 porciones)

Ingredientes

- 6 oz (170g) de atún, enlatado en agua
- 2 cucharaditas de cebolla picada
- 2 cucharadas de apio picado
- 2 cucharadas de mayonesa light
- 16 galletas tipo Melba blancas, sin sal

Preparación

- Poner el atún en un tazón, con la cebolla, el apio y la mayonesa.
- Mezclar bien.
- Acompañar con galletas.

- Sugerencia: servir cada porción con ensalada de lechuga y zanahoria (ver receta en "Acompañantes").

Información nutricional

Calorías: 266; proteína: 21 g; carbohidratos: 32 g; sodio: 343 mg; potasio: 248 mg; fósforo: 200 mg.

Con ensalada de lechuga y zanahoria

Calorías: 402; proteína: 22 g; carbohidratos: 36 g; sodio: 360 mg; potasio: 399 mg; fósforo: 220 mg.

Ensalada César con pollo (2 porciones)

Ingredientes
- 4 oz (113g) de pechuga de pollo a la parrilla o al horno, sin piel ni hueso
- 4 tazas de lechuga romana, partida en trozos grandes
- 2 cucharadas de queso parmesano en polvo
- 2 rebanadas de pan blanco, cortado en cuadritos
- 2 oz (56g) de pan francés

Vinagreta

Ingredientes
- 2 cucharadas de vinagre de manzana
- 2 cucharadas de agua
- 2 cucharadas de aceite de oliva
- 1 cucharadita de jugo de limón
- 1 diente de ajo machacado
- Pimienta negra

Preparación
- Mezclar el pollo, la lechuga y el queso parmesano en un tazón grande.
- En un segundo tazón, preparar el aderezo con el vinagre, el agua, el aceite, el jugo de limón, el ajo y la pimienta. Verter sobre la ensalada.

- Incorporar todos los ingredientes.
- Tostar los cuadritos de pan y agregar sobre la ensalada.
- Servir con pan Francés.

Información nutricional

Calorías: 405; proteína: 21 g; carbohidratos: 32 g; sodio: 388 mg; potasio: 437mg; fósforo: 224 mg.

Ensalada Mediterránea (2 porciones)

Ingredientes

- ¼ de cebolla blanca, cortada estilo Juliana
- 2 cucharadas de aceite de oliva
- Jugo de limón
- 2 huevos duros, cortados en rodajas
- 1 pimiento rojo, pelado y cortado en tiras
- 4 oz (113g) de langostinos hervidos
- 2 oz (56g) de pan Francés

Preparación

- Mezclar la cebolla con el aceite y el jugo de limón, dejar macerar por unos 10 a 15 minutos.
- Poner en una ensaladera los huevos duros, los pimientos y los langostinos.
- Luego de macerada, agregar la cebolla a la ensaladera y mezclar.
- Servir con pan Francés.

Información nutricional

Calorías: 429; proteína: 24 g; carbohidratos: 39 g; sodio: 418 mg; potasio: 397 mg; fósforo: 300 mg.

Los vegetarianos

Hamburguesa vegetariana a la parrilla (2 porciones)

Ingredientes

- 2 hamburguesas vegetarianas de frijol negro (se encuentran en la sección de congelados del supermercado)
- 2 panes de hamburguesa
- 2 cucharaditas de mayonesa light

Preparación

- Asar las hamburguesas en la parrilla hasta que estén bien cocidas.
- Untar cada pan con 1 cucharadita de mayonesa.
- Agregar la hamburguesa.
- Sugerencia: servir cada hamburguesa con ensalada verde (ver receta en "Acompañantes").

Información nutricional

Calorías: 275; proteína: 15 g; carbohidratos: 36 g; sodio: 689 mg; potasio: 305 mg; fósforo: 175 mg.

Con ensalada verde

Calorías: 416; proteína: 16 g; carbohidratos: 40 g; sodio: 697 mg; potasio: 439 mg; fósforo: 192 mg.

Quesadillas (2 porciones)

Ingredientes

- 4 tortillas de harina (6 pulgadas de diámetro)
- 5 oz (140g) de queso Suizo, bajo en sodio

Preparación

- Calentar las tortillas en una sartén, agregar partes iguales de queso en las tortillas.
- Doblar, cocinar hasta que el queso se derrita. Servir.

Información nutricional

Calorías: 446; proteína: 25 g; carbohidratos: 25 g; sodio: 422 mg; potasio: 174 mg; fósforo: 542 mg.

¿QUÉ COMERÉ? LA DIETA RENAL LATINA

Sopas y acompañantes

Sopas
Crema de espárragos
Crema de zanahoria
Sopa de carne de res

Acompañantes
Arroz con cúrcuma
Ensalada de lechuga y zanahoria
Ensalada verde
Ensalada de pepino
Ensalada de pimiento morrón rostizado
Puré de coliflor
Salsa criolla

Sopas

Crema de espárragos (2 porciones)

Ingredientes

- ½ libra (250g) de espárragos
- 1 cucharada de aceite de oliva
- ½ taza de cebolla picada
- 1 taza de caldo de verduras, bajo en sodio
- ½ taza de sustituto líquido de crema (no lácteo)
- Pimienta negra

Preparación

- Lavar y cortar los espárragos, removiendo la base del tallo.
- Calentar el aceite a fuego medio en una olla grande, agregar la cebolla y cocinar revolviendo hasta que quede transparente.
- Agregar los espárragos y el caldo de verduras, cocinar a fuego lento durante 20 minutos o hasta que los espárragos queden tiernos. Retirar del fuego y dejar enfriar ligeramente.
- Pasar a una licuadora o procesador de alimentos y mezclar hasta hacer un puré.
- Regresar el puré a la olla y agregar el sustituto de crema líquido. Calentar y sazonar con pimienta. Servir.

Información nutricional

Calorías: 197; proteína: 5 g; carbohidratos: 18 g; sodio: 40 mg; potasio: 392 mg; fósforo: 106 mg.

Crema de zanahoria (2 porciones)

Ingredientes

- 1 cucharada de aceite de oliva
- ½ cebolla mediana picada
- ½ libra de zanahorias, cortadas en cubos medianos
- 1 cucharadita de jengibre molido
- 1 taza de caldo de verduras, bajo en sodio
- ½ taza de sustituto líquido de crema (no lácteo)
- Pimienta negra

Preparación

- Calentar el aceite a fuego medio en una olla grande, agregar la cebolla y cocinar revolviendo hasta que quede transparente.
- Agregar las zanahorias, el jengibre y el caldo de verduras, cocinar a fuego lento durante 20 minutos o hasta que las zanahorias estén tiernas. Retirar del fuego y dejar enfriar ligeramente.
- Pasar a una licuadora o procesador de alimentos y mezclar hasta hacer un puré.
- Regresar el puré a la olla y agregar el sustituto de crema líquido. Calentar la sopa y sazonar con pimienta. Servir.

Información nutricional

Calorías: 215; proteína: 2 g; carbohidratos: 24 g; sodio: 597 mg; potasio: 551 mg; fósforo: 92 mg.

Sopa de carne de res (2 porciones)

Ingredientes

- 6 oz (170g) de carne de res, cortada en trozos pequeños (puede ser falda o un corte similar)
- Pimienta negra
- 2 cucharadas de aceite de oliva
- 2 dientes de ajo picados
- ½ taza de maíz, congelado sin sal
- 1 cucharada de orégano
- ½ cucharadita de comino
- 2 tazas de caldo de carne, bajo en sodio
- 1 taza de agua

Preparación

- Sazonar la carne con la pimienta.
- Calentar el aceite en una olla y agregar el ajo, revolviendo constantemente. Agregar la carne y el maíz, cocinar entre 3 y 4 minutos. Agregar el orégano y el comino; freír un minuto más.
- Agregar el caldo y el agua, cubrir la olla, llevar a hervor. Reducir a fuego lento y cocinar durante 20 minutos más.
- Servir caliente.

Información nutricional

Calorías: 348; proteína: 23 g; carbohidratos: 14 g; sodio: 240 mg; potasio: 668 mg; fósforo: 280 mg.

Acompañantes

Arroz con cúrcuma (2 porciones)

Ingredientes
- 1 cucharada de aceite de oliva
- 2/3 taza de arroz
- 1 1/2 taza de agua
- 1 cucharadita de cúrcuma
- 2 rodajas de limón

Preparación
- Calentar el aceite en un sartén a fuego alto, agregar el arroz. Cocinar por 1 o 2 minutos.
- Agregar la cúrcuma y el agua. Mezclar ligeramente.
- Colocar las rodajas de limón en el sartén. Reducir el fuego.
- Dejar que se absorba el agua.
- Servir.

Información nutricional

Calorías: 328; proteína: 5 g; carbohidratos: 58 g; sodio: 7 mg; potasio: 161 mg; fósforo: 112 mg.

Ensalada de lechuga con zanahoria (2 porciones)

Ingredientes
- 2 tazas de lechuga
- 4 cucharadas de zanahoria rallada
- 2 cucharaditas de aceite de oliva
- 2 cucharaditas de jugo de limón

Preparación

- Mezclar todos los ingredientes en un tazón y servir.

Información nutricional

Calorías: 136; proteína: 1 g; carbohidratos: 4 g; sodio: 17 mg; potasio: 151 mg; fósforo: 20 mg.

Ensalada verde (2 porciones)

Ingredientes

- 2 tazas de lechuga
- 2 cucharadas de aceite de oliva
- 1 cucharada de vinagre balsámico

Preparación

- Mezclar todos los ingredientes en un tazón y servir.

Información nutricional

Calorías: 141; proteína: 1 g; carbohidratos: 4 g; sodio: 8 mg; potasio: 134 mg; fósforo: 17 mg.

Ensalada de pepino (2 porciones)

Ingredientes

- 2 tazas de pepino en rodajas
- Hierbas frescas o secas
- 2 cucharaditas de aceite de oliva
- 2 cucharadas de jugo de limón o vinagre balsámico

Preparación:

- Mezclar todos los ingredientes en un tazón y servir.

Información nutricional

Calorías: 137; proteína: 1 g; carbohidratos: 4 g; sodio: 3 mg; potasio: 180 mg; fósforo: 27 mg.

Ensalada de pimiento morrón rostizado (2 porciones)

Ingredientes
- 1 pimiento morrón cortado por la mitad, sin semillas
- 1 cucharada de aceite de oliva

Preparación
- Precalentar el horno a 400º F.
- Colocar las mitades de pimiento en una bandeja para hornear, colocándolas boca abajo.
- Rostizar en el horno rotándolas frecuentemente durante unos 20 minutos o hasta que estén tostadas y suaves.
- Sacar del horno y dejar enfriar. Remover la piel.
- Cortar en tiras delgadas y agregar el aceite de oliva. Servir.

Información nutricional

Calorías: 78; proteína: 1 g; carbohidratos: 3 g; sodio: 2 mg; potasio: 126 mg; fósforo: 15 mg.

Puré de coliflor (2 porciones)

Ingredientes
- 2 tazas de coliflor hervida
- 3 cucharadas de sustituto de crema
- 1 cucharada de mantequilla
- 1 cucharada de queso parmesano

Preparación
- Colocar la coliflor, la mantequilla y el sustituto de crema en un procesador de alimentos y mezclar hasta que quede una pasta uniforme. Se puede utilizar un machacador manual.
- Pasar a una sartén pequeña y agregar el queso. Calentar de 1 a 2 minutos mezclando frecuentemente. Servir.

Información nutricional

Calorías: 120; proteína: 3 g; carbohidratos: 8 g; sodio: 58 mg; potasio: 151 mg; fósforo: 60 mg.

Salsa criolla (2 porciones)

Ingredientes

- ¼ cebolla roja grande, cortada en rebanadas muy finas
- 2 cucharaditas de perejil fresco picado
- ¼ taza de jugo de lima, recién exprimido
- 2 cucharadas de aceite de oliva

Preparación

- Combinar todos los ingredientes en un tazón pequeño. Tapar y colocar en el refrigerador alrededor de una hora.

Información nutricional

Calorías: 134; proteína: <1 g; carbohidratos: 4 g; sodio: 503 mg; potasio: 77 mg; fósforo: 10 mg.

¿Qué comeré? La dieta renal latina

Las meriendas

Dulces frutas
Arándanos azules con nueces de Castilla (walnuts)
Cerezas frescas
Fresas con crema batida
Fresas con miel
Melón de agua/sandía
Piña
Uvas

Listas para comer
Galletas de animalitos
Galletas tipo Graham, sabor miel

Los vegetales
Espárragos asados en aceite de oliva
Pimiento morrón rojo
Pimiento morrón rostizado sobre galletas sin sal

Picaditas saladas
Galletas con queso crema
Pretzels sin sal

Palomitas de maíz
Palomitas de maíz dulces
Palomitas de maíz con salsa de chocolate
Palomitas de maíz con Tajín bajo en sodio

Dulces frutas

Arándanos azules con nueces de Castilla (walnuts) (1 porción)

- 1 taza de arándanos azules
- 8 mitades de nueces de Castilla (walnuts)

Información nutricional

- Calorías: 162; proteína: 3 g; carbohidratos: 23 g; sodio: 2 mg; potasio: 165 mg; fósforo: 59 mg.

Cerezas frescas (1 porción)

- 1 taza de cerezas frescas

Información nutricional

Calorías: 78; proteína: 1.5 g; carbohidratos: 19 g; sodio: 5 mg; potasio: 268 mg; fósforo: 23 mg.

Fresas con crema batida (1 porción)

- 1½ taza de fresas frescas
- 3 cucharadas de crema batida

Información nutricional

Calorías: 147; proteína: 2 g; carbohidratos: 17 g; sodio: 11 mg; potasio: 347 mg; fósforo: 65 mg.

Fresas con miel (1 porción)

- 1 taza de fresas frescas
- 1 cucharada de miel de abeja

Información nutricional

Calorías: 110; proteína: 3 g; carbohidratos: 23 g; sodio: 2 mg; potasio: 165 mg; fósforo: 59 mg.

Melón de agua/sandía (1 porción)

- 1 taza de melón de agua o sandía fresca

Información nutricional

Calorías: 12; proteína: 1 g; carbohidratos: 11 g; sodio: 2 mg; potasio: 170 mg; fósforo: 17 mg.

Piña (1 porción)

- 1 taza de piña fresca cortada

Información nutricional

Calorías: 78; proteína: 1 g; carbohidratos: 20 g; sodio: 2 mg; potasio: 168 mg; fósforo: 12 mg.

Uvas (1 porción)

- 1 taza de uvas rojas o verdes

Información nutricional

Calorías: 104; proteína: 1 g; carbohidratos: 27 g; sodio: 3 mg; potasio: 288 mg; fósforo: 30 mg.

Listas para comer

Galletas de animalitos (1 porción)

- 12 galletas

Información nutricional

Calorías: 133; proteína: 2 g; carbohidratos: 22 g; sodio: 145 mg; potasio: 30 mg; fósforo: 34 mg.

Galletas tipo Graham, sabor miel (1 porción)

- 5 galletas

Información nutricional

Calorías: 148; proteína: 2 g; carbohidratos: 27 g; sodio: 167 mg; potasio: 47 mg; fósforo: 36 mg.

Los vegetales

Espárragos asados con aceite de oliva (1 porción)

- 12 espárragos
- 1 cucharada de aceite de oliva

Información nutricional

Calorías: 157; proteína: 4 g; carbohidratos: 7 g; sodio: 4 mg; potasio: 387 mg; fósforo: 100 mg.

Pimientos morrón rojos (1 porción)

- 1 taza de pimientos rojos, cortados estilo Juliana

Información nutricional

Calorías: 46; proteína: 2 g; carbohidratos: 9 g; sodio: 6 mg; potasio: 314 mg; fósforo: 39 mg.

Pimientos rostizados sobre galletas sin sal (1 porción)

Ingredientes
- ½ pimiento morrón (rojo o verde)
- 1 diente de ajo, finamente picado
- 1 cucharada de aceite de oliva
- 4 galletas sin sal

Preparación
- Cortar el pimiento estilo Juliana.
- Calentar el aceite en una sartén, agregar el ajo y el pimiento. Saltear hasta que queden cocidos y suaves.
- Servir los pimientos sobre las 4 galletas sin sal.

Información Nutricional

Calorías: 194; proteína: 2 g; carbohidratos: 13 g; sodio: 95 mg; potasio: 153 mg; fósforo: 33 mg.

Picaditas saladas

Galletas con queso crema (1 porción)

- 5 galletas sin sal
- 1 cucharada de queso crema

Información nutricional

Calorías: 110; proteína: 2 g; carbohidratos: 12 g; sodio: 146 mg; potasio: 20 mg; fósforo: 15 mg.

Pretzels sin sal (1 porción)

- 2 oz (56g) pretzels sin sal

Información nutricional

Calorías: 110; proteína: 3 g; carbohidratos: 22 g; sodio: 80 mg; potasio: 40 mg; fósforo: 30 mg.

Palomitas de maíz

Palomitas de maíz dulces (1 porción)

Ingredientes

- 2 tazas de palomitas de maíz
- ½ cucharada de mantequilla
- ½ cucharada de azúcar
- ¼ cucharadita de canela

Preparación

- Preparar las palomitas sin sal, de acuerdo con las instrucciones del paquete.
- Calentar la mantequilla, el azúcar y la canela en una sartén pequeña o en el horno de microondas.
- Agregar la mezcla sobre las palomitas.
- Servir inmediatamente.

Información nutricional

Calorías: 145; proteína: 2 g; carbohidratos: 18 g; sodio: 75 mg; potasio: 43 mg; fósforo: 43 mg.

Palomitas de maíz con salsa de chocolate (1 porción)

Ingredientes

- 2 tazas de palomitas de maíz
- 2 cucharadas de salsa de chocolate oscuro

Preparación

- Preparar las palomitas sin sal de acuerdo con las instrucciones del paquete.
- Agregar la salsa de chocolate sobre las palomitas. Servir.

Información nutricional

Calorías: 190; proteína: 3 g; carbohidratos: 21 g; sodio: 129 mg; potasio: 53 mg; fósforo: 57 mg.

Palomitas de maíz con Tajín bajo en sodio (1 porción)

- 2 tazas de palomitas de maíz con 1 cucharadita de Tajín bajo en sodio.

Información nutricional

Calorías: 65; proteína: 2 g; carbohidratos: 13 g; sodio: 23 mg; potasio: 78 mg; fósforo: 61 mg.

¿QUÉ COMERÉ? LA DIETA RENAL LATINA

Los postres

Los tradicionales
Arroz con leche
Compota de manzana
Galletas de azúcar
Manzana al horno
Crepas con frutos del bosque

Los facilitos
Ensalada Ambrosía
Brochetas de piña con chocolate
Helado con fresas
Napoleón de frutos del bosque
Peras al horno
Tortilla de manzana

Pasteles y panes
Bizcocho simple con salsa de fresas
Budín de pan

Ideas sencillas
Gelatina con crema batida
Sorbete (helado de agua)
Galletas de vainilla (vanilla waffers)

Los tradicionales

* Consejos para personas con diabetes: sustituir el azúcar por la misma cantidad de sustituto de azúcar granulada.

Arroz con leche (2 porciones)

Ingredientes

- ½ taza de arroz blanco, sin cocer
- 1 rajita de canela entera
- 1 taza de sustituto líquido de crema
- ¼ taza de azúcar*
- ¼ cucharadita de canela en polvo
- 1 cucharadita de extracto de vainilla

Preparación

- Enjuagar el arroz y escurrir.
- Poner el arroz y ½ taza de agua en una sartén mediana. Agregar la rajita de canela. Llevar a ebullición, cubrir con una tapa y cocinar por unos 10 minutos o hasta que el arroz esté cocido.
- Retirar la tapa y agregar el sustituto de crema líquido, revolviendo. Cubrir y dejar hervir durante 10 minutos más, o hasta que el arroz adquiera una consistencia espesa.
- Retirar del fuego y agregar el azúcar, la canela en polvo y la vainilla. Mezclar bien y dejar enfriar. Servir.

Información nutricional

Calorías: 338; proteína: 3 g; carbohidratos: 54 g; sodio: 3 mg; potasio: 58 mg; fósforo: 54 mg.

Compota de manzana (2 porciones)

Ingredientes

- 2 palitos de canela
- 2 manzanas

Preparación

- Poner a hervir agua con los palitos de canela en una olla.

- Pelar las manzanas y cortarlas en trozos pequeños.
- Una vez que el agua rompa hervor, agregar las manzanas y cocinar por 20 minutos, hasta que las manzanas estén suaves.
- Retirar los trozos de manzana de la olla.
- Se puede pasar las manzanas por una licuadora para hacer puré o dejarlas en trocitos pequeños. Servir.

Información nutricional

Calorías: 90; proteína: <1 g; carbohidratos: 25 g; sodio: 2 mg; potasio: 195 mg; fósforo: 20 mg.

Galletitas de azúcar (20 piezas) (2 galletas por porción)

Ingredientes

- 2 tazas de harina
- 1 cucharadita de polvo para hornear, bajo en sodio
- ¼ cucharadita de sal
- 1 taza de azúcar*
- ½ taza mantequilla sin sal, blanda (1 barra)
- 1 huevo
- 2 cucharaditas de extracto de vainilla
- Aceite antiadherente

Preparación

- Cernir (o batir con batidor de mano) la harina, el polvo para hornear y la sal en un tazón mediano. Dejar a un lado.
- Poner el azúcar y la mantequilla en otro tazón grande. Con una batidora eléctrica, batir por unos 2 o 3 minutos a velocidad media, o hasta que el azúcar y la mantequilla formen una mezcla esponjosa.
- Agregar el huevo y el extracto de vainilla. Batir por 1 minuto más, hasta formar una mezcla homogénea.
- Añadir los ingredientes secos y batir otro minuto más, hasta que la mezcla esté bien incorporada.
- Retirar del tazón y formar un cilindro.
- Cubrir con plástico o aluminio y refrigerar por unas 2 horas o más.
- Cuando la masa esté lista, precalentar el horno a 325 ° F.
- Rociar un molde de galletas con aceite antiadherente.
- Cortar las galletas en rebanadas y poner en el molde.

- Hornear entre 8 y 10 minutos.
- Dejar enfriar y servir.

Información nutricional

Calorías: 258; proteína: 3 g; carbohidratos: 39 g; sodio: 385 mg; potasio: 93 mg; fósforo: 196 mg.

Manzana al horno (2 porciones)

Ingredientes
- 2 manzanas
- 2 cucharadas de azúcar*
- ½ cucharadita de canela molida
- 1 cucharadita de nueces de Castilla (walnuts), finamente picadas

Preparación
- Precalentar el horno a 375 º F.
- Lavar las manzanas y descorazonarlas (sacarle la parte del medio donde se encuentran las semillas), utilizando un descorazonador o un cuchillo.
- Mezclar el azúcar en un tazón con la canela y las nueces.
- Rellenar cada manzana con la mitad de esta mezcla.
- Colocar las manzanas en una bandeja para hornear y meter al horno por 25 minutos.
- Servir caliente o frío, al gusto.

Información nutricional

Calorías: 153; proteína: 1 g; carbohidratos: 38 g; sodio: 2 mg; potasio: 204 mg; fósforo: 27 mg.

Crepas con frutos del bosque (2 porciones)

Ingredientes
- 1 taza de frutos del bosque mezclados, frescos o congelados
- ¼ taza de harina blanca
- 1 clara de huevo
- ¼ taza de leche

- Una pizca de sal
- ½ cucharada de aceite vegetal
- Aceite antiadherente
- ½ cucharada de azúcar glass (azúcar en polvo)

Preparación

- Si están congelados, descongelar los frutos del bosque y escurrirlos.
- Mezclar la harina en un tazón con la clara de huevo, la leche, la sal y el aceite hasta que la mezcla quede uniforme.
- Rociar aceite antiadherente en una sartén y calentar a fuego medio.
- Verter media porción de la mezcla, inclinar la sartén con movimientos circulares para que se extienda a los bordes. Cocinar hasta que la parte inferior esté dorada, unos 2 minutos.
- Voltear la crepa, colocar la mitad de la mezcla de frutos del bosque en el centro de la crepa y cocinar otros 2 minutos. Doblar la crepa por la mitad y retirar del fuego con una espátula.
- Espolvorear con azúcar glass (azúcar en polvo). Servir.

Información nutricional

Calorías: 164; proteína: 5 g; carbohidratos: 26 g; sodio: 240 mg; potasio: 128 mg; fósforo: 130 mg.

Los facilitos

Ensalada Ambrosía (2 porciones)

Ingredientes

- ½ taza de piña, enlatada en jugo de frutas
- ½ taza de duraznos, enlatados en jugo de frutas
- ½ taza de cerezas, enlatadas en jugo de frutas
- 1 taza de crema batida estilo cool-whip
- ¼ cucharadita de canela en polvo

Preparación

- Colocar todas las frutas en un tazón profundo.
- Agregar la crema batida y mezclar bien.
- Refrigerar por unos 30 minutos. Servir frío con la canela.

Información nutricional

Calorías: 199; proteína: 1 g; carbohidratos: 34 g; sodio: 5 mg; potasio: 238 mg; fósforo: 28 mg.

Brochetas de piña con chocolate (2 porciones)

Ingredientes
- 2 tazas de piña cortada en trozos
- 4 brochetas, palitos de bambú o madera (7 pulgadas de largo)
- 4 cucharadas de salsa de chocolate

Preparación:
- Dividir los trozos de piña en 4 porciones, pinchar en cada uno de los palitos.
- Poner la piña en la parrilla y dorar (opcional).
- Bañar cada brocheta con 1 cucharada de salsa de chocolate. Servir.

Información nutricional

Calorías: 186; proteína: 2 g; carbohidratos: 46 g; sodio: 30 mg; potasio: 256 mg; fósforo: 63 mg.

Helado con fresas (2 porciones)

Ingredientes
- 1 taza de fresas cortadas en rebanadas
- 1 cucharada de limón
- 2 cucharadas de azúcar
- 2 tazas de sorbete de fresa o de sabor al gusto

Preparación
- En un recipiente, mezclar las fresas con el limón y el azúcar. Dejar marinar por lo menos 15 minutos.
- Dividir el sorbete en dos recipientes individuales. Agregar la mitad de la mezcla sobre cada helado.
- Servir.

Información nutricional

Calorías: 314 ; proteína: 0 g; carbohidratos 81 g; sodio: 1 mg; potasio: 119 mg; fósforo: 18 mg.

Napoleón de frutos del bosque (2 porciones)

Ingredientes

- Aceite antiadherente, sabor mantequilla
- 4 envolturas de wonton
- 1 cucharada de azúcar
- ½ cucharadita de canela
- 2 cucharadas de crema batida no láctea, estilo cool-whip
- 1 taza de frutos del bosque

Preparación

- Precalentar el horno a 400° F.
- Rociar aceite antiadherente en una bandeja para hornear y colocar las envolturas de wonton. Rociarlas también con aceite antiadherente.
- Espolvorear la mitad del azúcar y la canela en las envolturas de wonton.
- Hornear durante 5 minutos o hasta que estén dorados.
- Colocar 2 de las envolturas de wonton en un plato de servir.
- Poner 1 cucharada de crema batida y ½ taza de los frutos del bosque en cada wonton.
- Tapar cada uno con las otras envolturas.
- Espolvorear con el resto del azúcar y la canela. Servir.

* Consejos para personas con diabetes: sustituir el azúcar por la misma cantidad de sustituto de azúcar granulada.

Información nutricional

Calorías: 110; proteína: 2 g; carbohidratos: 23 g; sodio: 92 mg; potasio: 71 mg; fósforo: 22 mg.

Peras al horno (2 porciones)

Ingredientes
- 1 cucharada de azúcar morena
- ¼ cucharadita de canela
- 2 peras medianas, peladas y cortadas en rebanadas delgadas
- 1 cucharada de mantequilla sin sal

Preparación
- Precalentar el horno a 350° F.
- Combinar el azúcar morena y la canela en un tazón pequeño.
- Colocar una capa delgada de peras en un recipiente pequeño para hornear.
- Espolvorear un poco de la mezcla del azúcar con canela sobre las peras y colocar trocitos de mantequilla encima. Repetir el proceso hasta terminar de utilizar todas las rebanadas de pera.
- Espolvorear el resto de la mezcla del azúcar con canela y la mantequilla en la última capa.
- Hornear durante 20 minutos. Servir caliente o frío.

Información nutricional

Calorías: 172; proteína: 1 g; carbohidratos: 32 g; sodio: 3 mg; potasio: 201 mg; fósforo: 20 mg.

Tortilla de manzana (2 porciones)

Ingredientes
- 2 tortillas de harina (6 pulgadas de diámetro)
- Aceite antiadherente, sabor mantequilla
- 1 cucharadita de azúcar blanca
- ½ cucharadita de canela
- 1 cucharada de mantequilla sin sal
- 2 manzanas peladas, sin corazón y cortadas en rebanadas delgadas
- 1 cucharada de azúcar morena
- ¾ taza de jugo de manzana sin azúcar
- 1 cucharada de crema batida no láctea, estilo cool- whip

Preparación

- Precalentar el horno a 400° F.
- Colocar las tortillas en una bandeja para hornear y rociarlas con el aceite antiadherente.
- Mezclar el azúcar blanca y ¼ cucharadita de canela en un tazón pequeño.
- Espolvorear sobre las tortillas y llevar al horno durante unos 10 minutos o hasta que estén crujientes.
- Dejar enfriar completamente sobre una rejilla.
- Colocar la mantequilla y calentar a fuego medio en una sartén. Añadir las manzanas, el azúcar morena, el otro ¼ de cucharadita de canela y el jugo de manzana. Cocinar revolviéndolo por unos 10 minutos o hasta que las manzanas estén doradas.
- Verter la mitad de la mezcla de las manzanas sobre cada tortilla y agregar media cucharada de crema batida en cada una. Servir.

Información nutricional

Calorías: 274; proteína: 3 g; carbohidratos: 49 g; sodio: 210 mg; potasio: 263 mg; fósforo: 80 mg.

Pasteles y panes

Bizcocho de limón con salsa de fresa (8 porciones)

Ingredientes

- Aceite antiadherente
- 1 taza de harina para la receta y otro poco para enharinar el molde
- 1 cucharadita de ralladura de limón
- 1 cucharada de polvo para hornear, bajo en sodio
- 4 huevos grandes
- 1 taza de azúcar
- 1 taza de aceite

Preparación

- Precalentar el horno a 350° F.

- Rociar el molde con aceite antiadherente. Espolvorear un poco de harina por encima y repartirla bien por toda la superficie para evitar que el bizcocho se pegue.
- En un tazón, mezclar la taza de harina, la ralladura de limón y el polvo para hornear.
- En otro recipiente, mezclar los huevos y el azúcar. Batir con una batidora eléctrica. Ir añadiendo el aceite y la mezcla seca.
- Una vez que está todo bien integrado, verter la mezcla en el molde y meter en el horno. Hornear durante unos 30 minutos.
- Pinchar el bizcocho con un cuchillo delgado hasta que salga limpio. De lo contrario, dejar unos minutos más en el horno hasta que, al insertar el cuchillo, salga seco. Dejar enfriar, cortar y servir.

Salsa de fresa

Ingredientes:
- 4 cucharada de mantequilla sin sal
- 4 tazas de fresas, lavadas y cortadas en rebanadas
- 4 cucharadas de azúcar blanca*
- 1 cucharadita de canela
- 1 taza de jugo de manzana sin azúcar

Preparación:
- Calentar la mantequilla en una sartén a fuego medio hasta que se derrita.
- Agregar las fresas, el azúcar*, la canela y el jugo de manzana. Mezclar bien.
- Dejar cocinar por unos 10 minutos o hasta que la salsa espese. Servir aproximadamente 1/8 de la salsa sobre cada porción de bizcocho.

Información nutricional sin salsa

Calorías: 383; proteína: 4 g; carbohidratos: 34 g; sodio: 210 mg; potasio: 217 mg; fósforo: 241 mg.

Con salsa de fresas

Calorías: 496; proteína: 5 g; carbohidratos: 49 g; sodio: 213 mg; potasio: 361 mg; fósforo: 262 mg.

Budín de pan (2 porciones)

Ingredientes

- Aceite antiadherente sabor mantequilla
- 1 huevo
- ¾ taza de sustituto líquido de crema
- 1 cucharada de azúcar blanca o miel
- ½ cucharadita de vainilla
- 2 rebanadas de pan blanco, cortado en cubos

Preparación

- Precalentar el horno a 325° F.
- Rociar con aceite antiadherente un molde para hornear de unas 8 pulgadas.
- Batir el huevo en un tazón grande, hasta que espume.
- Agregar el sustituto de crema líquido, el azúcar* o la miel y la vainilla. Mezclar bien.
- Poner los cubos de pan en el molde. Verter la mezcla de huevo y mojar bien.
- Hornear entre 35 y 40 minutos o hasta que al insertar un cuchillo, salga limpio. Servir.

Información nutricional

Calorías: 249; proteína: 5 g; carbohidratos: 31 g; sodio: 158 mg; potasio: 65 mg; fósforo: 75 mg.

Ideas sencillas

Gelatina con crema batida (1 porción)

Ingredientes

- 1 taza de gelatina de cualquier sabor
- 1 cucharada de crema batida no láctea, estilo cool-whip

Información nutricional

Calorías: 179; proteína: 3 g; carbohidratos: 40 g; sodio: 202 mg; potasio: 3 mg; fósforo: 59 mg.

Sorbete (helado a base de agua) (1 porción)

- 1 taza de sorbete del sabor de preferencia

Información nutricional

Calorías: 278; proteína: 2 g; carbohidratos: 59 g; sodio: 89 mg; potasio: 185 mg; fósforo: 77 mg.

Galletas de vainilla (1 porción)

- 5 galletas de vainilla (vanilla waffers)

Información nutricional:

Calorías: 142; proteína: 1 g; carbohidratos: 21 g; sodio: 92 mg; potasio: 32 mg; fósforo: 19 mg.

Plan de Alimentos

Día 1
Desayuno: Omelete de claras de huevo y pan blanco
Merienda: Pretzels sin sal
Comida: Ensalada de atún con ensalada de lechuga y zanahoria
Postre: Fresas con crema batida
Cena: Estofado de pollo con arroz
Información nutricional
Calorías: 1520; proteína: 60 g; carbohidratos: 173 g; sodio: 940 mg; potasio: 1532 mg; fósforo: 647 mg.

Día 2
Desayuno: Cereal frio con leche
Merienda: Pimientos rostizados
Comida: Ensalada Cesar con pollo
Postre: Budín de pan
Cena: Picadillo Cubano con arroz
Información nutricional
Calorías: 1682; proteína: 59 g; carbohidratos: 181 g; sodio: 1368 mg; potasio: 1468 mg; fósforo: 784 mg.

Día 3
Desayuno: Sándwich de queso
Merienda: Galletas de animalitos
Comida: Pasta Primavera
Postre: Compota de manzana
Cena: Pescado sudado con arroz y ensalada verde
Información nutricional
Calorías: 1601; proteína: 54 g; carbohidratos: 216 g; sodio: 981 mg; potasio: 1576 mg; fósforo: 791 mg.

Día 4
Desayuno: Burrito de huevo
Merienda: Palomitas de maíz dulces
Comida: Sándwich de pescado

Postre: Manzana al horno
Cena: Pimiento relleno con arroz
Información nutricional
Calorías: 1564; proteína: 60 g; carbohidratos: 200 g; sodio: 1131 mg; potasio: 1373 mg; fósforo: 652 mg.

Día 5
Desayuno: Tostadas Francesas
Merienda: Galletas tipo Graham
Comida: Ensalada Mediterránea
Postre: Ambrosia
Cena: Tacos de filete de res con ensalada de lechuga y zanahoria
Información nutricional
Calorías: 1570; proteína: 60 g; carbohidratos: 176 g; sodio: 1039 mg; potasio: 1412 mg; fósforo: 767 mg.

Día 6
Desayuno: Chilaquiles
Merienda: Fresas con miel
Comida: Ensalada de lacitos
Postre: Manzana al horno
Cena: Salpicón con tortillas de maíz
Información nutricional
Calorías: 1606; proteína: 58 g; carbohidratos: 183 g; sodio: 571 mg; potasio: 1506 mg; fósforo: 688 mg.

Día 7
Desayuno: Huevos en anillos de pimientos
Merienda: Arándanos azules con nueces de Castilla
Comida: Flautas de pollo con arroz
Postre: Sorbete con fresas
Cena: Filete de res con puré de coliflor y ensalada verde
Información nutricional
Calorías: 1746; proteína: 58 g; carbohidratos: 186 g; sodio: 395 mg; potasio: 1543 mg; fósforo: 705 mg.

Día 8
Desayuno: Tostadas con mantequilla y mermelada
Merienda: Sandia fresca

Comida: Pollo a la parrilla con arroz y pimientos rostizados
Postre: Peras al horno
Cena: Espaguetis con salsa de pimiento rojo
Información nutricional
Calorías: 1505; proteína: 52 g; carbohidratos: 207 g; sodio: 181 mg; potasio: 1608 mg; fósforo: 757 mg.

Día 9
Desayuno: Grits con queso
Merienda: Cerezas frescas
Comida: Sándwich de atún con ensalada de lechuga y zanahoria
Postre: Arroz con leche
Cena: Lomo de cerdo con arroz
Información nutricional
Calorías: 1559; proteína: 56 g; carbohidratos: 196 g; sodio: 727 mg; potasio: 1110 mg; fósforo: 771 mg.

Día 10
Desayuno: Huevo cocido con English Muffin
Merienda: Galletas de animalitos
Comida: Sándwich de puerco con salsa criolla estilo Peruano (Butifarra)
Postre: Crepes con frutos del bosque
Cena: Pescado asado al ajo con arroz y ensalada de pimiento morrón
Información nutricional
Calorías: 1526; proteína: 64 g; carbohidratos: 192 g; sodio: 1256 mg; potasio: 1663 mg; fósforo: 911 mg.

Día 11
Desayuno: Batido de fresa
Merienda: Pretzels sin sal
Comida: Sándwich de pavo
Postre: Sherbet
Cena: Sopa de carne de res
Información nutricional
Calorías: 1572; proteína: 58 g; carbohidratos: 211 g; sodio: 1437 mg; potasio: 1476 mg; fósforo: 723 mg.

Día 12
Desayuno: Burrito de frijoles

Merienda: Uvas frescas
Comida: Sándwich de pechuga de pollo a la parrilla con ensalada verde
Postre: Bizcocho
Cena: Brochetas de camarón
Información nutricional
Calorías: 1635; proteína: 59 g; carbohidratos: 197 g; sodio: 1398 mg; potasio: 1925 mg; fósforo: 1078mg.

Día 13
Desayuno: Huevos Benedictinos
Merienda: Sandia y galletas de animalitos
Comida: Sándwich de pechuga de pollo con ensalada verde
Postre: Bizcocho con salsa de fresas
Cena: Tacos de camarones
Información nutricional
Calorías: 1716; proteína: 60 g; carbohidratos: 151 g; sodio: 1505 mg; potasio: 1471 mg; fósforo: 969 mg.

Día 14
Desayuno: Panqueques de queso cabaña (cottage cheese)
Merienda: Espárragos asados con aceite de oliva
Comida: Brochetas de pollo con arroz con cúrcuma
Postre: Brochetas de pina con salsa de chocolate
Cena: Hamburguesa vegetariana con ensalada verde
Información nutricional
Calorías: 1676; proteína: 61 g; carbohidratos: 192 g; sodio: 1598 mg; potasio: 1929 mg; fósforo: 949 mg

Día 15
Desayuno: Avena
Merienda: Galletas con queso crema
Comida: Salmon al horno con arroz
Postre: Gelatina con crema batida
Cena: Arroz con camarones
Información nutricional
Calorías: 1631; proteína: 55 g; carbohidratos: 205 g; sodio: 1145 mg; potasio: 1153 mg; fósforo: 873 mg.

Día 16
Desayuno: Fresas con yogurt, miel y nueces de Castilla
Merienda: Piña fresca
Comida: Chuleta de cerdo al horno con arroz
Postre: Sherbet
Cena: Tacos de camarones con ensalada de pepino
Información nutricional
Calorías: 1577; proteína: 59 g; carbohidratos: 217 g; sodio: 1269 mg; potasio: 1859 mg; fósforo: 1099mg.

Día 17
Desayuno: Huevos en pozo
Merienda: Galletas tipo Graham
Comida: Wrap de pollo
Postre: Tortilla de manzana
Cena: Espaguetis con salsa de pimiento rojo
Información nutricional
Calorías: 1578; proteína: 57 g; carbohidratos: 186 g; sodio: 1013 mg; potasio: 1377 mg; fósforo: 739 mg.

Día 18
Desayuno: Arepa con huevo
Merienda: Palomitas de maíz con salsa de chocolate
Comida: Sándwich de ensalada de pollo
Postre: Arroz con leche
Cena: Quesadilla
Información nutricional
Calorías: 1705; proteína: 66 g; carbohidratos: 183 g; sodio: 1471 mg; potasio: 1040 mg; fósforo: 1130mg.

Día 19
Desayuno: Tortilla de espárragos
Merienda: Cerezas frescas
Comida: Empanadas de carne
Postre: Piña fresca con galletas tipo Graham
Cena: Fettucini Alfredo
Información nutricional
Calorías: 1646; proteína: 52 g; carbohidratos: 219 g; sodio: 1415 mg; potasio: 1531 mg; fósforo: 907 mg.

Día 20
Desayuno: Hamburguesas para el desayuno estilo Latino
Merienda: Palomitas de maíz con Tajín bajo en sodio
Comida: Carnitas con ensalada verde
Postre: Sherbet
Cena: Brochetas de carne con arroz
Información nutricional
Calorías: 1627; proteína: 62 g; carbohidratos: 229 g; sodio: 996 mg; potasio: 1853 mg; fósforo: 936 mg.

Día 21
Desayuno: Molletes
Merienda: Pimiento morrón rojo
Comida: Hamburguesa de pavo con ensalada verde
Postre: Napoleón de frutos del bosque
Cena: Milanesa de pollo con puré de coliflor y ensalada de lechuga y zanahoria
Información nutricional
Calorías: 1529; proteína: 54 g; carbohidratos: 173 g; sodio: 1019 mg; potasio: 1084 mg; fósforo: 532 mg.

Printed in the United States
By Bookmasters